Christel Hudemann-Schwartz / Irmgard Harder

SCHLESWIG-HOLSTEIN
Impressionen

Verlag H. Lühr & Dircks

ISBN 3-921416-75-2
(Verlag H. Lühr & Dircks)

Umschlaggestaltung: Christel Hudemann-Schwartz
Gesamtherstellung: Clausen & Bosse GmbH, Leck
Printed in Germany

Schleswig-Holstein-Impressionen – Auftakt

Werner will auf den Malediven seine neue Taucherausrüstung ausprobieren, Anja düst mit ihrem »Lebensabschnittspartner« in die Karibik, Konrad will mit Hanni einen Trip ins Amazonasgebiet unternehmen – sie nennen das »Selbsterfahrung« – und ich, ich fahre nach *Schleswig-Holstein*. Von den Freunden milde belächelt. Ich gebe es ja zu, wer sein Ferienglück nur auf den Malediven findet, Erholung vom täglichen Streß allein in der Karibik zu finden glaubt und das Abenteuer lediglich am Amazonas erwartet, dem kann man mit unserem nördlichsten Bundesland nicht imponieren. Aber muß ich das eigentlich? Überraschungen gibt's dennoch. Die erste saß auf einem Klapphocker, mitten auf dem Marktplatz von ... ach, egal. Erzähl' ich später. Im engen Halbkreis um sie herum ein paar Leute, die ihr aufmerksam auf die Finger guckten. Das war doch ... nein, unmöglich ... Christel?! Es war Christel. Saß da, zeichnete und ließ sich durch nichts und von niemandem stören. Ich kannte das, tippte ihr sachte auf die Schulter. Keine Reaktion. Noch ein Versuch. Unwilliges Knurren. Ja, so machte sie's schon immer. Kannte ich auch. Darin schien sich in all den Jahren nichts geändert zu haben. »Christel …« Ich versuchte es ganz leise. »Christel …!« Ärgerlich sah sie auf: »Was … oh, du?! Was machst du denn hier?« Ungläubiges Staunen, »warte einen Augenblick, bin gleich fertig …« »Laß dir Zeit … da drüben, siehst du? Da im Café such ich uns einen Platz …«

Sie kam sehr bald. Mit der Vergangenheit hielten wir uns nicht allzu lange auf – das überraschende Wiedersehen an einem uns beiden eigentlich fremden Ort brachte uns schnell in die Gegenwart. Sie hatte für ein Buch zu zeichnen und wußte nicht so recht, was draus werden sollte. Ich sollte eins schreiben und kam damit nicht recht voran. Sie wollte ihren Auftrag hinschmeißen, ich wollte das schon lange. »Können wir nicht zusammen mal was versuchen?«
Wir haben es versucht. Haben uns einfangen lassen von diesem Schleswig-Holstein. Jeder auf seine Weise.

Von Flensburg nach Glücksburg und »partout«

Was verbindet der Deutsche mit dem Namen »Flensburg«? Zunächst irgend etwas Sündhaftes … zum Beispiel: Verkehrssünderkartei. Oder auch »Beate Uhse« oder »Rum« – wenn letztere Begriffe auch zu wesentlich reizvolleren Sünden zählen als Straf-Punkte beim Kraftfahrtbundesamt.

Doch was haben wir beide, liebe Christel, mit solchen Sünden zu schaffen? Komm, gehen wir zum Hafen, – da gibt's für dich eine ganze Menge zum Freuen! Schiffe aller Arten – nur nicht so große, sondern mehr mittel bis klein … wenn ich mich mal so unseemännisch ausdrücken darf. Aber schau, die schöne alte Häuserreihe – Haus bei Haus, alle hatten sie etwas mit der Schiffahrt zu tun. Das älteste, das da mit dem großen bogenförmigen Durchgang, gehörte einst der Schifferkompanie. Und so heißt es auch: Kompanietor. Laß uns da mal hindurchgehen, und wenn wir uns am Ende der kleinen Straße nach links wenden, kommen wir zum Nordermarkt mit dem hübschen Neptunbrunnen. Der ist auch schon beinahe 250 Jahre alt. Hier ist immer was los und hier war auch immer was los: Handel, Wandel, Markt und Menschen drängten sich hier zu allen Zeiten; da drüben, das schöne alte Backsteingebäude mit dem Laubengang, den »Schrangen« davor, da saßen einst die Händler unter den Gewölben und an einem der Pfeiler, ja, da an der Ecke zum Markt hin, stecken so alte eiserne Krampen im Mauerwerk. Da war der Pranger, jawohl, und hier wurden Bösewichter angekettet, die dann von allen Leuten gründlich beguckt werden konnten. Das gehörte damals zur Rechtsprechung. Und beim Angucken werden es die Leute wohl nicht belassen haben … Und da, ein paar Schritte weiter, das malerische Gässchen? Na ja, Christel, so

BLICK ZUM FÄHRKRUG IN FLENSBURG

etwas gehört auch zu jedem Hafen. Weißt du, vor Jahren, ich hatte gerade eine zeitlang in Flensburg zu tun, wollte ich da mal fotografieren, aber ein Kollege, der mich zufällig begleitete, hielt mich zurück. Das möge ich bitte unterlassen, sagte er mit strengem Unterton. Oha … Einen anderen Kollegen, der mich besuchte und sich in Flensburg nicht auskannte, konnte ich bereden, doch einmal mit mir durch eben dies Gässchen zu schlendern. Es ist nicht lang, aber wir haben unsere Schritte dann doch etwas beschleunigen müssen. Viele der gastfreundlichen Damen standen in der Tür oder lehnten aus dem Fenster und »der wartet wohl, bis ihm die Krankenkasse das Haarschneiden bezahlt!« war noch eine der harmloseren Bemerkungen, die man uns hinterherschickte. Aber inzwischen sieht man das wohl nicht mehr so eng. Und zwar von keiner Seite … Nur das Fotografieren, das würde ich hier doch lieber unterlassen.

Flensburg ist aber nicht nur Hafenstadt sondern

auch Grenzstadt. Dänemark liegt sozusagen vor der Haustür. So dicht, daß sehr viel weiter südlich lebende Mitmenschen ernsthaft fragen: »Ist das noch in Deutschland?« Da kann ich nur mit nationaler Entrüstung erwidern: »Und wie!!« Schließlich haben die meisten Flensburger, als sie 1920 nach dem verlorenen ersten Weltkrieg darüber abstimmen durften, welchem Staat sie fortan zugehörig sein wollten, sich vehement für Deutschland entschieden. Für das Land, das gerade einen großen Krieg verloren hatte und dem es ganz und gar nicht gut ging. Doch damit war eine kleinere Gruppe von Mitbürgern, die sich durch Herkunft und Tradition mehr dem Dänischen zugehörig fühlte, durchaus nicht einverstanden. Das Gleiche galt aber ebenso für eine Gruppe von Menschen jenseits der durch die Abstimmung nunmehr neu festgelegten Staatsgrenze. Die fühlten sich mehr dem Deutschen zugehörig. Beide Länder unterscheiden sich nicht nur durch die Sprache sondern auch durch ihre Geschichte und eine etwas andere Art, mit dem Leben und allem, was so dazu gehört, umzugehen. Es war für beide Volks-Gruppen nicht einfach, die neuen politischen Bedingungen so zu akzeptieren. Vielen wurde wahrscheinlich jetzt erst bewußt, daß sie eigentlich auf der falschen Seite der Grenze zu Hause waren, und daß Paß und Sprache mit Nationalität auch nicht immer übereinstimmen.

Aber daher kommt wohl auch das manchmal etwas eigenwillige Deutsch der Flensburger, das für Fremde verwirrend bis lustig klingt: »Denk doch, meine Beste, bei ausses Licht und zue Fenster szo szoll ich die Kinder umbringen un abziehen!« Oder: »Gestern hab' ich Herrn Petersen auf'n Rücken die Tosbystraße runtergehen sehen!« Hier geht es nicht um kriminelle oder anatomisch unmögliche Vorgänge, es sind lediglich Spuren dänischer, plattdänischer und plattdeutscher Ausdrucksweise. Auch sie dokumentieren Grenznähe und historische Wechselfälle. Insbesondere eine Spezies reiferer Damen, Petuh-Tanten genannt, bedienten sich dieser, so oft mit Vergnügen von anderen kopierten, Sprache. Petuh ist allerdings französisch, gemeint ist »partout«. Und das bezeichnete wiederum eine Art Dauerbillett, mit dem die Damen an schönen Sommertagen, mit Kuchenpaket und Strickzeug bewaffnet, die schmucken Fördedampfer bestiegen und sich zu all den Bade-Orten fahren ließen, wo man so behaglich in der Veranda einer der vielen Kaffeewirtschaften am Wasser sitzen, die Leute begucken und tüchtig schnacken konnte.

»Können wir das nicht auch mal machen?« fragt Christel. »Was? In einer Veranda sitzen und stricken?« Sie lacht: »Nee, aber sehen möchte ich die Damen mal …« und zeichnen würde sie die – wenn es

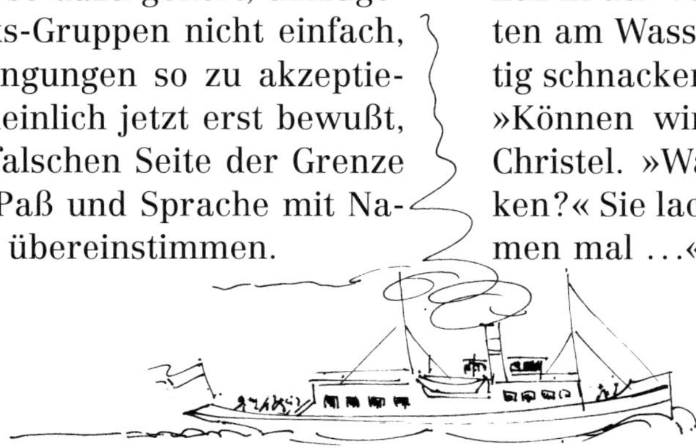

sie denn noch gäbe. Denn die alten Dampfer mit der schwarzen Rauchfahne sind längst – wie die Petuh-Tanten – Vergangenheit geworden. Doch die Förde lädt immer noch zu Ausflugs-Fahrten ein. Gerade vom Wasser aus zeigt sich Flensburg in seiner ganzen Schönheit, jedenfalls seine oft und gern liebevoll besungene Lage: »Stadt im Tal, umkränzt von Hügeln, waldumrauscht, vom Meer bespült ...«. Ganz so poetisch sieht die Realität allerdings nicht aus; doch die Stadt ist tatsächlich von Höhen umgeben, aus deren Grün imposante Bauten hervorlugen: Das Gerichtsgebäude, das Museum, Schulen ... und alte Bilder zeigen es noch: Auf den Höhen rundum lauter Windmühlen!

Und natürlich fahren wir zu einem der traditionellen Ausflugsziele: nach Glücksburg! Schöne Strände zwischen Wald und Wasser gibt's hier vielerorts – und Pensionen und Hotels, aber Glücksburg hat ein Schloß! Und was für eines! Weiß und wuchtig liegt es in einem von Bäumen umstandenen See, liegt da seit über vierhundert Jahren und gehört immer noch den Nachfahren des Erbauers. Das war Johannes der Jüngere, Herzog zu Schleswig-Holstein-Sonderburg-Glücksburg, Bruder des damaligen dänischen Königs. Der war oberster Landesherr und hatte seinem Bruder, dem Herzog Hans, wie er genannt wurde, das Gelände nicht gerade geschenkt, aber als Lehen überlassen. Das war damals so. Auch, daß der Herzog Gehöfte und ganze Dörfer zu seinem Eigentum erklärte, die Bewohner zu seinen Untertanen machte und erhebliche Hofdienste von ihnen verlangte. Das war weiter nicht ungewöhnlich, damals. Auf dem Platz da mitten im See hatte ein Kloster gestanden, der aktive Fürst ließ es abreißen und setzte an seine Stelle das Schloß. Ein teures Unterfangen – auch Fürstens mußten rechnen. Man weiß, was Herzog Hans für Schloß Glücksburg anlegen mußte – als ordentliche Leute hat die Familie die Papiere aufbewahrt. Also das Schloß hat so viel gekostet, wie man seinerzeit für 1200 Kühe bezahlen mußte! Nun ist so eine gute Zuchtkuh auch heute nicht so ganz billig – aber Christel, sag mal selbst, glaubst du, daß man heute für 1200 Kühe so ein mächtiges Schloß bauen könnte? Sie guckt mich entgeistert an: »Du spinnst

GLÜCKSBURGER SCHLOSS

wohl – weißt du, was der Umbau unseres kleinen Hauses gekostet hat?« Natürlich weiß ich das nicht, aber es muß sehr teuer gewesen sein. Und wenn man das alles so relativiert, wäre sie mit einer entsprechenden Zahl von Kühen bestimmt nicht ausgekommen. Aber der Herzog Hans war nicht nur ein aktiver Bauherr, er hinterließ mit 11 Söhnen und 12 Töchtern auch eine zahlreiche Nachkommenschaft, die sich – standesgemäß versteht sich! – weit verzweigte, so daß heute nahezu jede Familie des europäischen Hochadels mit den Glücksburgern verwandt ist. Und jede Generation hat hier in Form von Kunstwerken, Umbauten, Einrichtungsgegenständen ihre Spuren hinterlassen. Jeder Tourist kann sie heute betrachten, kann sie bewundern, je nachdem. Aber erst, wenn er sein Eintrittsgeld bezahlt hat. Nur die Privaträume nicht, das haben Herzogs nicht so gern. Und unterscheiden sich damit in nichts von anderen Bundesbürgern …

Auf Angeln herabgesehen …

Von oben zeigt sich Angeln von seiner schönsten Seite, und nur ein Fremder kann dann irritiert gucken und fragen: »Wieso?« – bis er merkt, daß es sich hier nicht um eine Tätigkeit handelt sondern um eine Landschaft. Mit Wasser hat allerdings beides zu tun. Und Christel fühlt sich davon unwiderstehlich angezogen – aber ich kann es ihr nachfühlen. Nirgends sonst bieten sich so vielfältige und überraschende Blicke auf die Ostsee wie hier. Übrigens auch von oben. Wenn man an den Rand einer Steilküste

gerät. Doch unweit der »Nordstraße«, die eben unterhalb der Ostseeküste von Flensburg nach Kappeln führt, finden wir den Weg auf den Scheersberg und auf ihm – schon von weitem zu sehen – den alten Turm, den Bismarck-Turm. »Und da kann man rauf?« fragt Christel und guckt etwas mißtrauisch an dem fast hundert Jahre alten Gebäude hoch. »Doch – aber erst müssen wir ins Fitness-Studio!« Sie lacht: »Treppensteigen trainieren – oder was?« »Nein, den Schlüssel holen!« Tatsächlich, hier oben hat sich ein Fitness-Studio etabliert, und da gibt's den Schlüssel – auch ohne Training. Und die Treppen schaffen wir auch. 70 Meter hoch ist der Berg, 31 Meter der Turm – also aus 101 Meter Höhe über dem Meeresspiegel sehen wir Angeln, und es ist wirklich rundum schön!

Tja, Christel, das also ist das Land, wo die »cheelen Cheorchinen so chreesig chut chedeien ...« »Was bitte? Sag' das noch mal!« Na, lieber nicht! Das mußt du dir von einem echten Angeliter vorsagen lassen, richtig nachmachen kann man das nicht. Sie haben ihre ganz eigene Ausdrucksweise, die Angeliter, mit Resten aus längst vergangenen Zeiten, als das Dänische hier noch Amtssprache war. Doch das gehört

mit zu den unverwechselbaren Besonderheiten, und davon gibt's hier eine ganze Menge. Und die Landschaft – sie bildet gewissermaßen ein großes Dreieck, das Flensburg, die Ostseeküste bis zur Schleimündung, Kappeln und Schleswig umfaßt: uraltes Siedlungsgebiet – voller Spuren einer wechselvollen Geschichte. Sie reichen bis nach England. Nicht nur die Bezeichnungen »Angeln« und »England« zeigen einen Zusammenhang, auch in Groß-Britannien deuten in einer bestimmten Gegend viele Ortsnamen auf ihren Ursprung in Angeln hin. »Chedeihen da die Cheorchinen auch so chreesig chut?« Christel grient. Kann ich ihr ja nicht verdenken, nur, auch wenn's schon so lange her ist, so lustig war das alles nicht. Inzwischen weiß man nämlich ziemlich genau, daß im 4. und 5. Jahrhundert ein großer Teil der Bevölkerung von hier fort und übers Meer zog – nach England. Wie beschwerlich das war, kann man sich denken, weshalb sie das taten kann man nur vermuten. Wahrscheinlich ist das Klima immer schlechter geworden und Mißernten bedeuteten allemal Hungerkatastrophen. »Und heute?«, sagt Christel, »bedeuten sie heute etwa keine Katastrophen? Nur wir erleben das bloß im Fernsehen. Und wem das Klima nicht paßt und wer sich's leisten kann, der fliegt nach Mallorca, so einfach ist das heute.«
Nein, nach vergangener Not sieht dieser wunderbare Garten zu unseren Füßen nicht aus. Felder und Wiesen – säuberlich gesäumt von Knicks, sie laufen kreuz und quer die sanften Hügel hinauf und hinab – die Angeliter Knicklandschaft ist weithin berühmt. Ebenso wie die schönen rotbraunen Rinder, die, im Vergleich mit den Holsteiner Rot- und Schwarzbunten, eher zierlich auf ihren schlanken Beinen aussehen. Das Angeliter Rind ist genau so berühmt wie das Angler Sattelschwein – und immer ein erfolgreicher Exportartikel gewesen. Christel guckt mich etwas irritiert so von der Seite an: »Seit wann interessierst du dich für Tierzucht?« Aber dazu braucht es kein besonderes Interesse, auch diese Tiere gehören hier nun mal zu den Besonderheiten. Und guck mal da, die reetgedeckten Häuser, siehst du, wie der First noch eine dicke Kappe aus Heidekraut trägt und darüber zur Befestigung die »Hängehölzer«? Auch das ist eine Angeliter Besonderheit. Und all die Kirchtürme – nur in Eiderstedt gibt es noch so viel Kirchen in einer einzigen Landschaft. Und die meisten sind uralt, romanische Feldsteinkirchen, so aus dem 12. Jahrhundert. Die allein sind ein Studium wert …
»Na, die haben aber mächtig Konkurrenz gekriegt!« Christel hat recht, die Getreidesilos sind nicht zu übersehen und gehören nicht gerade zu den Schmuckstücken des Landes. Aber Angeln lebt nun mal von der Landwirtschaft – die muß sich anpassen.

Und vom Fremdenverkehr. Der muß sich auch anpassen. Nicht nur mit »Ferien auf dem Bauernhof«. Längst haben sich in den Gemeinden »Auswärtige« angesiedelt, und manche schmucke Kate ist zum »Zweitwohnsitz« betuchter Städter geworden.
Was für ein vielgestaltiges Panorama gibt es von hier oben aus 100 Metern Höhe zu sehen! Über die buchtenreiche Flensburger Förde hinweg ist die dänische Küste deutlich zu erkennen, Yachthäfen locken hüben wie drüben Segler aller Typen und Größenklassen. Es muß ein wunderbares Segelrevier sein! »Das kann ich mir denken«, sagt Christel trocken, »aber das laß mich man lieber selber entdecken … davon verstehst du nichts.« Ach ja, sie hat ja wieder recht – es ist besser, wir behalten festen Boden unter den Füßen, da können wir nämlich noch eine Menge entdecken! Zum Beispiel da! Und da …! »Oh – Windmühlen!« Die sind Christels große Freude, wir werden sie nachher aus der Nähe bewundern. Doch sie alle haben ja ihren Dienst längst aufgeben müssen. Nur mit Liebe zum Althergebrachten, Traditionsbewußtsein und einer Menge Geld wurden sie noch erhalten. »Und mit dem Denkmalschutz, hoffe ich«, sagt Christel. Oh ja, der spielt mit, aber Gesetzeskraft

allein genügt nicht, wenn nicht genug Geld da ist. Aber wenn du da nach rechts über die Geltinger Bucht schaust, da stößt so eine Landzunge ziemlich weit in die See – das ist die Birk, übrigens ein großes Naturschutzgebiet, und da wartet »Charlotte« auf dich. »Ach, die Mühle? Die schöne alte Windmühle?! Die kenn' ich doch!« Und dann geht's weiter auf der Nordstraße bis wir kurz vor Kappeln abbiegen, bis dahin, wo die Ostsee anfängt, sich als »Schlei« tief in das Land zu schneiden – bis nach Schleswig hin. Sie ist nämlich kein Fluß, wie viele immer noch meinen, sondern eine Förde – die Norweger sagen dazu »Fjord«. Also da oben, wo die Schlei beginnt, da liegt Maasholm. Das schmucke alte Fischerdorf ist mittlerweile puppenstubenfein zurechtgemacht, den meisten Touristen kommt dabei sicher nicht in den Sinn, daß die Fischer seit altersher in diesem verkehrsfernen Nest nicht gerade zu den Wohlhabendsten zählten. Doch einfallsreich und tüchtig waren sie schon immer, die besondere Lage wurde im Laufe der

SCHLEIPERLE BEI DER WERFT
IN ARNIS
97

letzten Jahrzehnte zu einem glücklichen Vorteil: die Fischerboote und Kutter bekamen immer mehr Gesellschaft von Segelyachten, und heute ist Maasholm zwar immer noch ein lebendiger Fischereihafen aber auch einer der bedeutendsten Yachthäfen in dieser Küstengegend. Und dann dürfen wir Kappeln nicht auslassen, Christel, eine gemütliche kleine Stadt, und eine schöne Mühle gibt's da übrigens auch! Da kann man sich trauen – die Kappelner haben darin sinnigerweise ihr Standesamt eingerichtet – und sich dann in der schönen alten St. Nikolai-Kirche den Segen geben lassen. Übrigens auf der Turmspitze dreht sich statt einer Wetterfahne eine Figur im Wind – sie stellt den St. Christopherus dar, doch in dem altbekannten Lied wandernder Handwerkergesellen heißt es: »Kappeln, seggt he, is en Flecken, to 'ne Stadt wull dat noch nich recken, un de Heringshannel is dor stark, se hebbt en Heringshöker baben op de Kark!« Tja, Handel, Fischerei und Schiffahrt haben den Bürgern des hübschen Schleiortes durchweg ein behagliches Dasein verschafft – nur, das war nicht immer so. Und einer besonderen Notlage hat das kleinwinzige Städtchen Arnis seine Existenz zu verdanken. Kappeln unterstand bis zur Reformation der Kirche, aber nun gab es überall im Lande große politische und wirtschaftliche Umwälzungen, die kirchliche Gewalt verlor ihre Macht, dafür nahm die Gewalt der Fürsten mit dem Adel immer mehr zu – und eines Tages hatten sich die Kappelner Bürger als Leibeigene des Herrn von Rumohr auf Roest zu betrachten – der hatte die Stadt nämlich der Kirche abgekauft. Und hielt es für sein gutes Recht, mit seinem Erwerb so umzugehen, wie er es wollte. Natürlich wehrten sich die Kappelner, prozessierten Jahrzehnte hindurch, nur es half ihnen nichts. Nicht einmal der oberste Landesherr, der Herzog in Schleswig auf Schloß Gottorf, konnte daran etwas ändern; aber er konnte zumindest helfen, als 62 Familien 1667 schließlich ihren Heimatort verließen. Und das war eine erheblich große Gruppe für einen so kleinen Ort. Nur wenige Kilometer schleiaufwärts wies der Herzog ihnen am Ufer einen Platz zu, auf dem sie ihre Häuser bauen und ihrem Erwerb als Fischer und Schiffer nachgehen konnten; aber dem Machtbereich des Roester Gutsherrn waren sie damit entzogen. Aus dem Fluchtort wurde das Städtchen Arnis, das auch heute noch aus nur einer Straße mit schmucken Häusern, einer reizenden Schifferkirche mit einem kleinen Friedhof besteht und lange Zeit als kleinste Stadt Deutschlands und deshalb als große Sehenswürdigkeit galt. Längst sind die Arnisser nicht mehr unter sich, ihr Ort ist zu einem beliebten Ausflugsziel geworden, der nicht nur mit entsprechender Gastronomie sondern auch mit komfortablen Liegeplätzen für

Segler dienen und ruhesuchenden Feriengästen ein gastliches Dach bieten kann.
Komm, Christel – wir haben in Angeln noch so viel zu entdecken! Und wer Glück hat und kann zur Zeit der Rapsblüte durchs Land fahren – der vergißt es nie! Dann leuchtet Angeln. Jetzt aber dürfen wir nicht vergessen die Turmtür abzuschließen und den Schlüssel wieder abzugeben.

Das Jesuskind im Schleswiger Dom

Ach ja, Schleswig gehört auch zu den Orten, in denen es so viel zu begucken und zu erzählen gibt – die Stadt gehört ja zum Kernstück der Geschichte unseres Landes: Schloß Gottorf mit den Landesmuseen, der Dom mit dem berühmten Brüggemann-Altar, die Fischersiedlung auf dem Holm, ach ja, und nicht zu vergessen: Haithabu – die Wikinger … Und du hast ja ganz recht, Christel, wenn du erst einmal auf den Dom schaust – natürlich über den Seglerhafen hinweg! – aber ich will dir eine kleine Geschichte erzählen: all die vielen Dombesucher stehen ja lange vor dem gewaltigen, figurenreichen Altar des Meisters Brüggemann. Aber unten, in der Mitte, genau über dem Altartisch, da steht eine kleine Gestalt hinter einem Holzgitter – es ist deutlich zu sehen, die gehört nicht zu den anderen und außerdem hat sie ein kleines weißes Hemd an. Ein richtiges kleines Hemd – aus Stoff! Es heißt, niemand weiß so ganz genau, woher sie eigentlich kommt, aber die Figur ist schon seit undenklichen Zeiten da und wird als das Jesuskindchen angesehen, das segnend ein Ärmchen hebt. Seit altersher zieht ihm der Domküster am Heiligabend ein reines Hemd an. Einmal aber, auch das ist schon sehr lange her, da hatte er es vergessen. Er saß mit seiner Frau nachmittags in der warmen Stube, beide erwarteten ihren Sohn, der zur See fuhr, aber zu Weihnachten auf Urlaub kommen sollte. Doch draußen tobte ein so schrecklicher Sturm, daß sie sich Sorgen machten, wie der Junge bei diesem Wetter wohl heimkommen könne. Mit einem Mal glaubte der Küster ein Kinder-

weinen zu hören, mitten im Sturmgeheul! Aber das war doch ganz unmöglich! Doch nein, jetzt hörten sie es beide ganz deutlich. Da weinte ein Kind! Draußen! Mit einem Mal fiel es dem Mann ein: er hatte ja heute vergessen, dem Jesuskindchen im Dom ein reines Hemd anzuziehen! Er packte das schwere Schlüsselbund, schon hatte seine Frau das Hemdchen aus dem Schrank gerissen, und dann lief er auf die Straße so schnell er nur konnte. Ein Kind konnte er nirgends entdecken. Doch das Weinen hörte er immer noch – es kam aus dem Dom! Er rannte hinüber, schloß mit fliegenden Fingern die schwere Tür auf – und richtig – ein leises, ein ganz leises Weinen hörte er – und es kam vom Altar her! Der Küster dachte gar nicht darüber nach, wie unwahrscheinlich es doch sei, daß ein hölzernes Figürchen solche Laute von sich geben könne. Rasch wechselte er das Hemdchen; aber dann hörte er noch etwas: ein seltsames Knacken und Knistern, ein Rucken, ein Rieseln – was war das? Der Küster hob seine Laterne und sah, wie über dem Portal eines der alten Epitaphe begonnen hatte, sich vornüber zu neigen! Die Krampen, die es seit Menschengedenken im Mauerwerk festgehalten hatten, lockerten sich, lockerten sich immer mehr … lange konnte es nicht mehr dauern, dann mußte das schwere Bild herunterstürzen! Aber es dauerte auch nicht mehr lange bis zum Gottesdienst, dann würden die Menschen durch dies Portal in den Dom drängen

und dann … der Küster stürzte hinaus um Hilfe zu holen. Und das gelang ihm. Keiner der Gottesdienstbesucher ahnte, welcher Gefahr sie entgangen waren. Was hätte geschehen können, wenn das Jesuskindchen sich nicht bemerkbar gemacht hätte? Doch seit jenem Tag vergaß der Küster nie wieder am Nachmittag des 24. Dezember dem Kindchen ein reines Hemd anzuziehen, und alle seine Nachfolger – bis auf den heutigen Tag – können es nicht vergessen. Denn dann kommen die Kinder aus der ganzen Nachbarschaft und auch von noch weiter her und passen auf, daß alles seine Richtigkeit hat. Der Küster nimmt das Jesuskindchen behutsam aus seinem vergitterten Kabäuschen, stellt es auf einen kleinen Teppich und zieht ihm vorsichtig das neue Hemd an. Vorsichtig muß er schon sein, denn es ist ja schon alt und vielleicht ein bißchen brüchig. Aber wenn es dann wieder in frisch leuchtendem Weiß an seinem Platz steht, mit segnend erhobenen Ärmchen, können die Kinder beruhigt nach Hause gehen und selber Weihnachten feiern. Und der Küster auch.

Souvenir aus Eckernförde

Die Kieler Sprotten kommen gar nicht aus Kiel, die kommen aus Eckernförde, heißt es. Da gibt's nicht nur Fischer sondern auch Fischräuchereien – und beides hat Tradition in dem vielseitigen Ostseehafenstädtchen. Übrigens der Hafen: klein, fein und übersichtlich – so scheint es jedenfalls. Die große Zeit des

Seehandels, der bis nach Südwest- und Südosteuropa ging, ist zwar längst vorbei, aber die schmucken weißen Ausflugsdampfer, die seit Jahren zu den berühmten »Butterfahrten« mit zollfreiem Einkauf an Bord in dänische Gewässer einladen, locken ganze Busladungen voller Gäste aus dem Binnenland. Schließlich ist auch dies eine Art von Seehandel. »Schnäppchen« zu ergattern ist nun mal eine bundesdeutsche Lieblingsbeschäftigung, die weniger ein Ausdruck von Bedürftigkeit als vielmehr ein Beweis für »Cleverness« ist. Und wer einmal am Kai vom Eckernförder Hafen die Ankunft eines »Butterschiffes« mit tütenbeladenen Heimkehrern beobachtet hat, dem können die zufriedenen Mienen und ein gewisses Glitzern der Augen nicht entgangen sein. Wo aber kann man eigentlich direkt vom Strand zum Hafen laufen und sich ein Fischbrötchen holen oder den ankommenden Dampfern, Fischkuttern oder Segelbooten entgegengucken? Denn Eckernförde ist auch ein richtiges und anerkanntes Ostseebad mit Kurbetrieb und Kurpark, mit Kurhaus und Schwimmhalle, mit Strandkörben, Campingplatz und einer für fast alle Bedürfnisse eingerichteten Gastronomie. Und natürlich mit einem langen, langen weiß-sandigen Strand, von dem aus es sich – je nach Bedarf und Stimmung – über die weite, blaue Eckernförder Bucht träumen läßt. Bei entsprechender Wetterlage, versteht sich.

Und sicher lassen sich auch Muscheln und Steine finden, die der Gast als Andenken an schöne Tage an einem schönen Ort mit nach Hause nehmen kann. Ein Fundstück von diesem Strand hab' ich auch – nur ist das kein Andenken an sorglose Ferientage sondern »souvenir« von einem dramatischen Kriegsereignis, das sich 1849 an diesem Platz abspielte. Die Schleswig-Holsteiner hatten gerade begonnen, sich mit Hilfe der Preußen von der Herrschaft Dänemarks zu befreien, was den Dänen natürlich nicht gefallen konnte. Das ging nicht ohne Waffengewalt, und dazu gehörten auch dänische Kriegsschiffe, die – unter Segeln! – dem Strand schon sehr nahe kamen, die Küstenbefestigung kräftig beschossen, die ihrerseits mit glühenden Eisenkugeln zurückfeuerte. Dabei geriet eins der dänischen Schiffe, »Christian VIII« in Brand, das Feuer erreichte die Pulverkammer, und das ganze Schiff flog mit einer ungeheuren Detonation in die Luft. Tote und Verwundete in großer Zahl – der Kampf war beendet. Bald aber kamen die »Souvenirjäger« von weit und breit und suchten den Strand ab nach verwendbaren Überresten von dem zertrümmerten feindlichen Schiff, die sie als Trophäe heimtragen konnten. Und eins davon besitze ich; ein kleines Petschaft mit einem fingerlangen, schön gedrechselten und polierten Griff aus braunem Holz. »Christian VIII« ist in ganz kleinen Buchstaben einge-

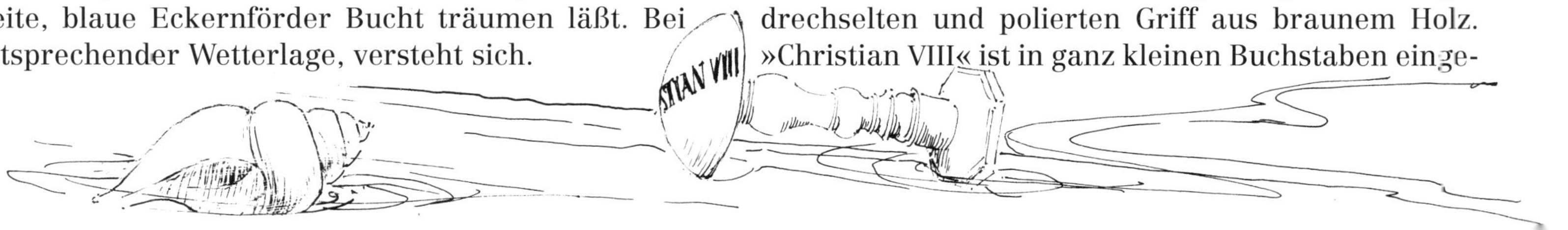

ritzt. Vor Jahren hat es mir mal eine alte Freundin geschenkt. Und als ich es Christel zeige und ihr die Geschichte erzähle, sagt sie nachdenklich: »So etwas Niedliches also bleibt von dramatischen Ereignissen übrig – wenn sie nur lange genug her sind. Aber hat sich daran eigentlich viel geändert?«

Für Kiel spricht viel …

Tja, Christel, die Binnenländer wollen uns das ja nicht glauben, aber Kiel besteht nicht nur aus der Kieler Woche!! Doch, du hast ja recht, Christel, Kiel ist auch ein Dorado für Segelverrückte, und du gehörst dazu, weiß ich ja. Also dann zeichne sie nach Herzenslust, die Boote, die Segel, die Masten und alles, was so dazu gehört. Ich beschäftige mich inzwischen auf meine Weise mit der Stadt. Kiel ist nämlich – so ganz nebenbei bemerkt – auch Landeshauptstadt! Allerdings erst seit 1946, als sich Rest-

Deutschland in Bundesländer einteilte und zur Bundesrepublik Deutschland zusammenschloß. Hier in Kiel also residiert die Landesregierung – in Gebäuden, die einst – in längst verflossenen Zeiten – dem Marineoberkommando gehörten. Nein, das Land ist nie reich genug gewesen um seiner Regierung neue Schlösser zu bauen. Und die Stadt erst recht nicht! Von ihrem Rathausturm klingt seit eh und je um die Mittagszeit ein Glockenspiel, jeder Kieler kann die

Melodie mitsingen: »Kiel hat kein Geld – das weiß die Welt. Ob's noch was kriegt, das weiß man nicht!« Und dabei zeigt sich schon eine sprachliche Eigenheit: »kriegt« muß natürlich wie »kricht« ausgesprochen werden – sonst reimt sich's ja nicht! Niemand sollte den Kielern das Sprachgefühl absprechen ... Das Gefühl für Geld hingegen ist nicht ganz so ausgeprägt. Die Stadtoberen, gleich welcher Couleur, haben jedenfalls in dieser Beziehung noch nie besondere Geschicklichkeit an den Tag gelegt – außer, wenn es um die Erhöhung ihrer Diäten ging. Doch auch wenn Kiel nicht zu den Schönheiten unter den Städten zählt – es hat seine Reize. Und zu den eindrucksvollsten zählt natürlich seine Lage am Wasser, zählt der Hafen, zählen die – Christel, merke auf! – vielen Yachthäfen in der nächsten Umgebung. Es heißt, daß ein Großteil der Studenten allein um der Segelei oder auch des Rudersports willen an der Christian-Albrechts-Universität – kurz CAU genannt – nach akademischen Würden strebt. Das hat hier Tradition. Die eigentliche Tradition aber liegt bei der Marine. Um es genau zu sagen: seit Preußen in Schleswig-Holstein das Sagen hatte und den eher bescheidenen Hafen Kiel zum Marinehafen umfunktionierte. Das war für die Bewohner des Landes und gewiß auch für die Stadt – gelinde gesagt – gewöhnungsbedürftig. Man fühlte sich, als sei man vom dänischen Regen unter die

preußische Traufe gekommen. Immerhin, als Kaisers Zeiten nach 1872 erst einmal richtig in Fahrt gekommen waren, wurde Kiel durch den Bau des damals so benannten Kaiser-Wilhelm-Kanals, wichtigste Station der Schiffsverbindung zwischen Nord- und Ostsee. Werften bestimmten die Küstenregion der Stadt, die damit zwar nicht an Schönheit, aber an wirtschaftlicher Bedeutung gewann. Ganze Wohnquartiere entstanden um die Jahrhundertwende im gründerzeitlichen Aufschwung: auf dem Ostufer des Hafens für Arbeiter, kleine Beamte und Angestellte, gegenüber, auf dem westlichen Ufer, im Grün alter Bäume und Gärten für hohe und höchste Marineoffiziere. Der allerhöchste war der Bruder des Kaisers, Prinz Heinrich, und wohnte, durchaus standesgemäß, im Schloß. Sein Name ist auch heute noch weit über die Grenzen des Landes hinaus geläufig, im Zusammenhang mit einer an der Küste traditionellen

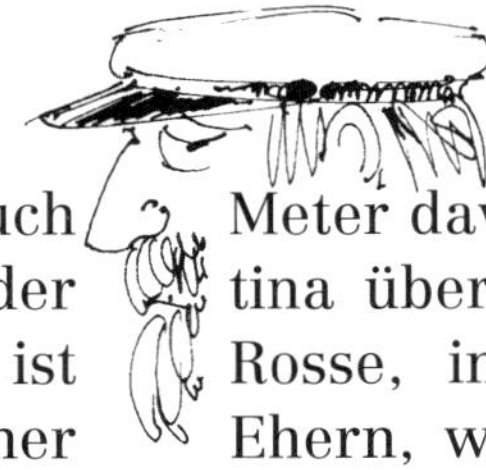

Kopfbedeckung: Mit der Prinz-Heinrich-Mütze. Auch wenn kaum einer ihrer Träger weiß, weshalb der dunkelblaue Deckel mit Schirm so heißt. Dennoch ist die Mütze gewissermaßen ein Denkmal; nützlicher gewiß als manche Kunstwerke, die von eiligen Passanten kaum wahrgenommen werden. Immerhin – Mütze hin oder her – des Kaisers liebste Truppe, die Marine, beendete 1918 mit einer Revolution den ersten Weltkrieg und leitete damit eine umwälzende politische und gesellschaftliche Veränderung ein. Ein Denkmal im Schloßpark, jedenfalls in der Grünanlage, die davon noch übrig blieb, soll an dies umwälzende Ereignis erinnern. »Wilden Kram« sagt mancher der modernen Kunst abholde Einheimische zu den ungefügen grauen Granit-Säulen, die etwas unmotiviert durch Löcher noch ungefügerer Eisengestelle gesteckt sind, welche nicht nur gründlich verrostet, sondern auch von abstrusen Schmierereien böser Buben verziert wurden. Nur wenige hundert Meter davon entfernt sitzt, von leuchtend grüner Patina überzogen, Kaiser Wilhelm I. stolz auf hohem Rosse, inmitten einer ausgedehnten Rasenfläche. Ehern, wie es sich für einen deutschen Kaiser geziemt. Weitestgehend unbeschmiert. Vermutlich weil Pferd und Reiter auf einem so hohen Sockel stehen. Ein kleiner Junge, der einst seine Mutter fragte, ob der Onkel da oben auf dem Pferd wohl Fritz Tiedemann auf »Meteor« sei, (diese beiden waren berühmte Olympiasieger gewesen) wurde von einem vorübergehenden Herrn belehrt: »Nee, mein Jung, dat is Bismarck!«

Ach komm, Christel, Kiel hatte nie den Ruf, eine besonders schöne Stadt zu sein – nur seine wunderbare Lage wurde seit altersher gerühmt. Aber wie es – nicht nur bei Städten! – so ist, die eigentlichen Reize lassen sich erst bei näherem Hinschauen entdekken. Und vielleicht lernt man Kiel dann sogar zu lieben …

Hafenstadt im Binnenland

Nie im Leben hätte ich geglaubt, daß Rendsburg auf einer Insel in der Eider liegt! Eine Stadt mitten im holsteinischen Binnenland – eine Inselstadt? Aber auf alten Karten und im Luftbild ist es noch zu erkennen, allerdings auch, daß die Insel inzwischen »landfest« geworden ist. Und wodurch? Weil die mächtigen Wälle der Befestigungsanlagen abgetragen und die Wasserarme der Rendsburg umschlingenden Eider damit einfach zugeschüttet wurden. Nicht ganz, aber fast. Ein bißchen dekoratives Binnenstadtgewässer blieb noch übrig. Aber Christel hat ja recht, wenn sie moniert, ich schütte sie wieder mal mit Behauptungen zu, in die sie keinen Sinn kriegen kann. Ich verspreche, mich zu bessern. Also: wie fast jede Stadt fing auch Rendsburg mal ganz klein an. Seine Lage aber war strategisch äußerst günstig und damit interessant für verschiedene Landesherren oder solche, die sich dazu machten. Lange Jahrhunderte unterstand die Stadt den dänischen Königen, bis die Regierung in Kopenhagen aufgrund schmerzlicher Erfahrung mit den Truppen Wallensteins im dreißigjährigen Krieg und den ebenfalls feindlichen Schweden, die schon vorhandenen Befestigungen zur »Festung 1. Ranges« ausbaute, die sich schließlich, 1694, zu einer gewaltigen Festungsanlage ausgedehnt hatte. Dies brachte Rendsburg zwei neue Stadtteile ein: das kleinere »Kronwerk«, dem gleich zwei Ortschaften zum Opfer fallen mußten und das größere »Neuwerk«, das heute noch zu den eindrucksvollen Zeugnissen militärisch bestimmter barocker Stadtbaukunst gehört. Nun schotteten Gräben, Wälle und kanonenbewehrte Bastionen die Stadt zwar sicher vor der feindlichen Außenwelt ab, allerdings für die nächsten 150 Jahre auch vor jeder wirtschaftlichen Entwicklung. Heer und Handel waren einander zu allen Zeiten wenig förderlich. Aber auch politische Verhältnisse sind niemals von Dauer gewesen, mochten sie auch für mehrere Generationen bestimmend sein. So war auch für Rendsburg um die Mitte des 19. Jahrhunderts die »Festungshaft« vorbei, Schleswig-Holstein löste sich in heftigen Befreiungskämpfen von der dänischen Krone, die Befestigungsanlagen wurden geschleift, und schließlich konnten sich Handel und Gewerbe freier entfalten und der ganzen Region zu neuem Aufschwung verhelfen. Das wichtigste Ereignis aber war der Bau des Nord-Ostsee-Kanals. Damit wurde Rendsburg zu einem regelrechten Seehafen – mitten im Lande! »Halt! sagt Christel, »jetzt bin ich aber an der Reihe!« Na klar, schon sind wir bei einem ihrer Lieblingsthemen gelandet: Wasser, Schiffe, Brücken – mit allem, was dazu gehört – davon gibt's hier in und um

Rendsburg jede Menge zu sehen und macht auch jedem Binnenländer deutlich, wie lebenswichtig für nahezu alle Wirtschaftsbereiche eine gut funktionierende Wasserstraße sein kann. Und da strebt Christel auch schon eilenden Schrittes davon, dem Kanalufer entgegen, an dem entlang man zu allen Jahreszeiten die schönsten Spaziergänge machen oder von einer behaglichen Gaststätte aus die großen und kleinen Schiffe beobachten kann, die da gemächlich vorbeiziehen und in so manchem Betrachter plötzlich einen Hauch von Fernweh wecken. Nur ich bleibe noch eine Weile auf Rendsburgs riesigem Paradeplatz zurück und betrachte nachdenklich ein altes Denkmal: auf figurenreichem Sockel erhebt sich eine hohe Säule und auf ihr die Büste eines lockenköpfigen Mannes. Uwe Jens Lornsen ist das Denkmal gewidmet, dem Mann, der schon 1830 eine Loslösung von Dänemark und eine eigene Verfassung für Schleswig-Holstein forderte; und zwar mit solchem Nachdruck, daß selbst Gesinnungsgenossen ihn eher als aufrührerischen Querkopf ablehnten. Er hat es nicht mehr erlebt, wie sich seine weit vorausschauenden Ideen schließlich doch durchsetzten und 1848 zum Befreiungskampf für ein selbständiges Land führten. Doch für die Heutigen ist das längst vergessen und zur Selbstverständlichkeit geworden.

In Neumünster läßt sich's leben…

»Neumünster is gaa nich so as du denkst …« hat mal ein Bürgermeister dieser Stadt behauptet und damit deutlich ausgedrückt, daß er ein echtes Kind dieses Landes war und zudem wußte, mit welchen Reizen seine Stadt ausgestattet ist. Auch wenn das manche nicht einsehen wollten, besonders jene, die Neumünster nur als Industriestandort betrachteten. Wer da nichts zu tun hat, der fährt nicht nach Neumünster. Der steigt da höchstens um. Neumünster ist Eisenbahnknotenpunkt. »Und was sollen wir da?« fragt Christel. »Aussteigen und gucken«, sage ich, »wirst schon sehen.« »Olles Industrienest – hat nicht mal 'n Hafen.« Vorurteile sind doch etwas Feines! Wenn man entdeckt, daß dann alles ganz anders ist, ist die Überraschung um so größer! Natürlich hat Christel nach dem ersten Schreck über ein Sammelsurium architektonischer Scheußlichkeiten neben durchaus gelungenen Bemühungen sehr bald die behaglichen Eckchen mit den Fachwerkhäusern entdeckt, während ich mich auf den Weg zur Vicelin-Kirche mache.

Quirlige Stadt – hier kreuzt sich alles, trifft alles zusammen, treibt auseinander – Knotenpunkt für viele Lebensbereiche in diesem Lande, nicht nur Verkehrswege. Nein, die Stadt hier mitten in Holstein hat kein eigenes Gesicht, zuviel Spuren sind hindurch, über sie hinweggegangen. Durch alle Zeiten. Kriege, vernichtende Feuersbrünste, nichts blieb den Menschen erspart. In keiner Generation. Aber diese Lage hat auch Glück gebracht. Neumünster entwickelte sich

NEUMÜNSTERS SCHMUCKSTÜCK!
RATHAUS

zum »Industrienest«, Tuch, Leder und Metall brachten Arbeit in vielerlei Fabrikgebäuden mit hohen qualmenden Schornsteinen und sicherem Auskommen für viele und Wohlstand für nicht ganz so viele ... doch auch das ist längst Geschichte. Das mit der Arbeit und dem Wohlstand. Nur Fabrikgebäude sind noch da. Wer vermutet hier schon, seitab vom tobenden Innenstadtverkehr stille Straßen, in deren üppig grünenden Gärten alte Villen von vergangener Pracht erzählen, heutzutage begehrte Objekte betuchter Nostalgiker. Und wer denkt bei »Neumünster« an all das viele Grün in den öffentlichen Anlagen, an die alten Bäume, die sich im Wasser der Schwale spiegeln, wie der Turm der Vicelin-Kirche, die auch zu einem Wahrzeichen der Stadt geworden ist. Schließlich war es Vicelin, der hier einst, nämlich 1127, ein Kloster mit Kirche, das »Niege Münster« gründete, aus dem sich dann so ganz sutje – würde man bei uns zulande sagen – diese Stadt entwickelte. Nein, der alte Bürgermeister hatte ja recht: »Neumünster is gaa nich so as du denkst ...!« Christel hat das sicher auch schon längst entdeckt. Übrigens: nur neun Kilometer raus aus der Stadt, in Einfeld, da gibt's einen wunderschönen See mit vielen Segelbooten! Christel, nichts wie hin!!

Plön – nicht nur schön ...

Man sieht es schon von weitem: Das Schloß. Mächtig und weiß thront es über der Stadt. Herrscht oder beschützt es? Welch eine Lage! Die Straße schwingt sich, wenn man von Kiel kommt, aus sanfter Höhe in die Stadt hinein. Eigentlich an ihr vorbei, strebt weiter, nach Eutin zu, lädt ein, nach rechts aber auch nach links abzubiegen, lockt in die »Holsteinische Schweiz« mit all ihren landschaftlichen Überraschungen, den Wäldern, den Äckern und Wiesen, den kleinen sauberen Ortschaften und den Seen, den vielen Seen zwischen sanfte Höhen und Täler gebettet, kleine und große tiefblaue Augen, blitzend zuweilen, hier belebt von kleinen Booten und weißen Segeln oder da nur dunkel und still, von hohen Baumkronen umrahmt. Wer Glück hat oder sich auskennt, findet Plätze, von denen er drei, vier oder gar fünf Seen zugleich schauen kann. Christel hatte das Glück. Mir will sie die Stelle noch zeigen.
Das Tor zu all diesen Herrlichkeiten aber ist Plön. Doch im Sommer brauchen wir schon etwas Geduld, um ein passendes Plätzchen für unseren fahrbaren Untersatz zu finden. Und einen freien Stuhl an einem der vielen Tische in den behaglichen Gaststätten zu erwischen, das ist an manchen Tagen gar nicht so einfach. Auch wenn für alles eigentlich ausreichend

UNTER DEN STRENGEN AUGEN DES PLÖNER SCHLOSSES, ERKÄMPFTE IRMGARD 2 STÜHLE U. KAFFEE

gesorgt ist. Die Stadt weiß sehr wohl, was sie den vielen fremden Gästen bieten muß. Seit der Fernverkehr sich nicht mehr durch die einzige Hauptstraße quält, ist Plön eine Stadt für Fußgänger geworden; in den Einzelhandelsgeschäften der alten spitzgiebligen Bürgerhäuser läßt sich nahezu alles Nötige, Nützliche und auch Überflüssige erwerben, was der Mensch zum Leben so braucht. Enge kleine Twieten führen zwischen den Häusern hindurch auf kürzestem Weg hinunter zum weiträumigen Parkplatz oder steil zum Schloßberg hinauf.

Aber vorher muß ich Christel etwas zeigen, wovon Touristen kaum etwas erfahren, und ob die Plöner Bürger so viel mehr darüber wissen, da bin ich mir auch nicht ganz so sicher. Wer achtet denn schon auf das alte Kirchlein, das da, gewissermaßen am »Eingang« zur Altstadt, unter hohen Bäumen fast verborgen, auf einer kleinen Anhöhe liegt? Dort, wo die vielbefahrene Straße nach Ascheberg hinaus eine scharfe Kurve macht und jedermann aufpassen muß, mit heiler Haut von einer zur anderen Seite zu gelangen. Dennoch, um die kleine St. Johanniskirche herum liegt so etwas wie ein Mantel der Stille. Auf dem Rasen hier und da ein paar uralte Grabsteine, an der Rückfront der Kirche eine mächtige Grabplatte mit Wappen und kaum noch leserlichen Buchstaben und Zahlen. Eine der vielen Gedenktafeln für Angehörige alter Adelsfamilien, die hier im Lande so viele Güter besaßen? Nein – im Gegenteil! Dahinter steckt eine wundersame Liebesgeschichte. Ursprünglich lag die Platte im Innenraum der Kirche, im Mittelgang vorm Altar, und der Mann, mit dem schönen Namen Christian Gottlieb, dessen Witwe sie ihm zum Gedenken hatte legen lassen, war der erste Tote, der 1690 in dieser Kirche bestattet wurde. Nur zwei Jahre später folgte sie ihm. Sie waren kaum fünf Jahre verheiratet gewesen, die Plöner Ratsherrentochter Gertrud Radeleff und der Feldtrompeter, den einst der Herr Obrist Bartram von Rantzau auf Ascheberg, vermutlich in Glückstadt als schwarzen Sklaven erworben hatte. Dort wurden seinerzeit vielfältige Waren aus dem Überseehandel angelandet und verkauft. Dazu gehörten auch afrikanische Menschen. Als billige, leibeigene Dienstboten wie auch als Statussymbol für exotische Eleganz waren sie in vielen Adelshäusern begehrt. Der Herr von Rantzau allerdings ließ seinen Schwarzen gründlich zum Feldtrompeter ausbilden, sorgte für christliche Unterweisung, ließ ihn taufen und gab ihm schließlich den Freibrief, denn ein Feldtrompeter mußte weitaus mehr können als nur ein paar Signale zu blasen, stand im Offiziersrang und konnte demnach nicht Leibeigener sein. Obwohl der Afrikaner somit eine geachtete Stellung hatte, als Bewerber um die Hand der Tochter aus einer Plöner Ratsherrenfamilie muß es erhebliche Widerstände gegeben haben.

Auch wenn die Familie dem schwarzen Trompeter zu großem Dank verpflichtet war; hatte er doch den Sohn des Hauses, der ins Eis des Plöner Sees eingebrochen war, vor dem Ertrinken gerettet. Der Herr von Rantzau jedoch unterstützte seinen Schützling nach Kräften und das junge Mädchen, das sich in den wohlgebildeten Schwarzen zweifellos verliebt hatte, wußte seinen Willen ebenso durchzusetzen. Das dürfte vor mehr als dreihundert Jahren weitaus schwieriger gewesen sein als heute. Nur kurze Zeit der Gemeinsamkeit war den beiden beschieden, die sie in durchaus angemessenem Wohlstand auf ihrem ländlichen Anwesen in Eimsbüttel, am Stadtrand von Hamburg, verlebten, bis Christian Gottlieb zu einem Besuch nach Plön reiste und dort 1690 ganz plötzlich starb. Wohl kaum mehr als 30 Jahre alt. Auf der prächtigen Grabplatte, unter der so bald auch sie ruhen sollte, hat die Witwe den barocken Sinnspruch einmeißeln lassen:

»Hier ruhet Gottlieb als ein Christ / bedenck das End der du dies liest / weil du gleich ihm auch sterblich bist«

Das also wollte ich dir an diesem stillen Platz erzählen, und es macht ja nichts, liebe Christel, wenn wir nun etwas nachdenklich über das alte Katzenkopfpflaster zum Schloß hinauf stapfen. Ich verspreche dir, dein Malerauge wird genug Futter bekommen! Hier oben wird es erst richtig deutlich: Plön liegt ja eigentlich auf einer Insel! So viel Wasser rundum! Von hier oben allerdings sahen schon seit altersher Augen mit ganz anderen Absichten als die schöne Aussicht zu genießen in die Runde: die alten Wendenfürsten mußten sich von den Schauenburger Grafen ablösen lassen, die Plön schon 1236 das Stadtrecht bescherten. Dann residierten hier oben einige Jahrhunderte Herzöge von Schleswig-Holstein-Sonderburg und verbreiteten höfischen Glanz. Einer von ihnen hat schließlich, 1623, die alte mittelalterliche Burganlage abbrechen lassen und dies mächtige, vielgieblige dreiflüglige Bauwerk errichtet. Und als dann Schleswig-Holstein 1868 zur preußischen Provinz wurde, wurde das Schloß zur Kadettenanstalt für die kaiserliche Marine gemacht. Auch der Kaiser ließ hier seine Söhne erziehen. Er hatte sechs! Und Preußens Adel war mit vielen seiner Söhne selbstverständlich dabei. Gelernt wird auch heute noch im Schloß: als Internatsgymnasium hat es nach 1918 schon vielen Generationen von Landeskindern zur Allgemeinbildung verholfen – der Glanz der Fürstenherrlichkeit ist längst dahin …

Doch die vielen Touristen, die an hellen Tagen durch die Stadt spazieren, freuen sich an ihren romanti-

STILLE IN BOSAU

schen Reizen, an den gepflegten Wegen entlang des Großen Plöner Sees, vielleicht auch an der Wanderung bis zur Spitze der »Prinzeninsel«, wo eine schmucke Gaststätte zu weniger romantischen als eher kulinarischen Reizen einlädt: nämlich zu gebratenen Maränen, die frisch aus dem Plöner See kommen – und in anderen Seen nicht zu finden sind. Die Gaststätte übrigens war einst eine Bauernwirtschaft, wo die Herren Söhne des Kaisers, in ihrer »Freizeit« wie es heißt, landwirtschaftliche Arbeit – wenigstens kennenzulernen hatten … Ob man ihnen wohl auch etwas von der besonderen Vogelwelt erzählte, und daß hier einer der seltenen Orte sei, wo die verwandten Sänger Sprosser und Nachtigall gemeinsam ihre Nester bauen? Welch ein Konzert muß das sein – im Mai …

Ja, Christel, ich merk's ja schon, dich zieht's da drüben hin, auf die andere Seite des Sees … laß uns auf eins der schmucken Motorschiffe warten – die fahren uns an fast alle Orte hier – auch nach Bosau. Und da hast du sie, die alte Kirche, in der Vicelin einst als Bischof von Oldenburg wirkte, zu einer Zeit, als das Christentum hierzulande noch eine ziemlich – im Wortsinne! – unglaubliche Einrichtung war. Bosau – das ist auch so eine Stätte, wo der Mensch vor Fragen steht, die bis heute noch keine endgültige Antwort bekommen haben.

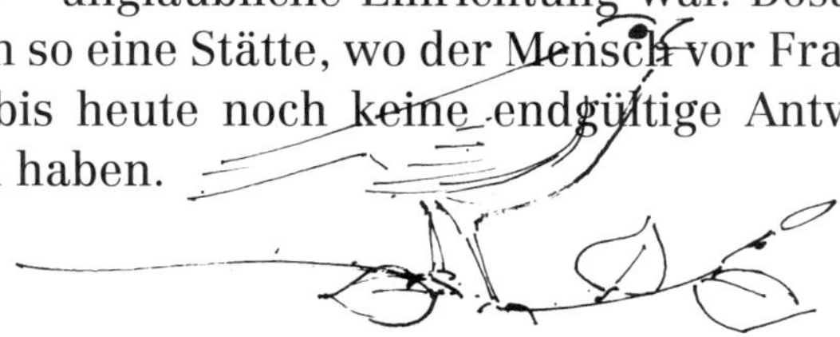

Laß uns weiter nach Eutin … was fällt uns bei Eutin ein? Carl Maria von Weber – ach ja, und die Eutiner Festspiele. Mit dem »Freischütz«, versteht sich …

wer einmal die Aufführung der Oper auf der Freilichtbühne im Schloßpark erlebt hat, umrauscht von uralten Bäumen, umweht vom kühlen Hauch des großen Eutiner Sees, der möchte glauben, Weber habe bei seinem Werk einzig diese wunderbar romantische Stätte seines Geburtsortes vor Augen gehabt. Doch der Knabe war erst wenige Monate alt, als seine Eltern die Stadt schon wieder verließen. Erst als berühmter Komponist kehrte er im Verlauf einer Konzertreise noch einmal nach Eutin zurück – und wurde von den Eutinern begeistert gefeiert.
Die konnten sich allerdings auf noch mehr Geistesgrößen etwas zugute halten: Johann Hinrich Voß, Graf Stolberg, Matthias Claudius und viele andere bedeutende Zeitgenossen erlebten Eutin als einen Ort, in dem es sich leben, dichten und denken ließ. Das alles entwickelte sich natürlich nicht ohne kunstsinnige Obrigkeit. Seit Jahrhunderten war Eutin Sitz von Bischöfen und später Residenz von weltlichen Fürstbischöfen gewesen, deren Hofhaltung das Bild der kleinen Stadt bestimmte und sie damit zum kulturellen und wirtschaftlichen Anziehungspunkt machte, dessen Ruf weit über die Grenzen des Landes hinausdrang.
Und noch heute spürt man es im alten Eutin: die altehrwürdigen Häuser im Schloßbezirk, neben deren Portalen und Türen im Sommer knorrige Rosenstöcke blühen, der wundersame alte Park mit betagten Baumriesen und verwunschenen Wegen, und das Schloß, das in seiner barocken Pracht durch die Stämme schimmert und mit Turm und Kuppel über die Baumkronen hinweg weit über den See hinaus leuchtet … hier steckt alles voller Geschichten und Geschichte und die Musen sind aufgeschlossenen Gemütern immer noch freundlich gesinnt.

2° MINUS AUF GRASWARDER, HEILIGENHAFEN

BURG
AUF FEHMARN

KARPFEN UT KLETKAMP –
STEIHT BUTEN!

NEUSTADT

Lübecker Symbole

Lübeck? Kennt doch jeder ... zumindest fallen dazu jedem bestimmt drei Begriffe ein: Marzipan, die Buddenbrooks und Holstentor. Eigentlich ein bißchen wenig für die alte Hansestadt, auch wenn manch andere Stadt glücklich wäre, wenn sie nur eine einzige solch allgemein geläufige Bezeichnung mit ihrem Namen verbinden könnte. Oder zumindest noch ein solches Tor besäße, dessen Abbild nicht nur von ungezählten Bundesbürgern beleckt, in die Tasche gesteckt oder auch genüßlich verspeist wurde. »Wieso das denn?« fragt Christel, als wir gerade auf das Holstentor zuspazieren. »Wie befeuchtest du eigentlich deine Briefmarken?« »Na – wahrscheinlich genau wie du ...« lacht sie, »... ach, du meinst ...« Ja, genau das meine ich ... das Holstentor schmückte nämlich mal eine Briefmarke, und zwar genau 3,936 Millionen Stück. Christel guckt mich entgeistert an: »Woher weißt du denn das schon wieder?!« Hab' mal danach gefragt, bei der Post. Und die haben's mir gesagt. Aber weißt du noch – unsere 50-Mark-Scheine? Die mit dem Holstentor? Ist doch noch gar nicht so lange her! »Nu sag' bloß noch, du weißt auch, wieviel davon gedruckt wurden?« Ach wo, das würde mir ja wohl niemand verraten – aber die berühmte Lübecker Marzipantorte, die trägt immer noch das alte Holstentor – natürlich nur in Umrissen. Christel aber können im Augenblick weder alte Briefmarken, Geldscheine noch Marzipantorten reizen; sie läßt mich einfach stehen und strebt unter dem Torbogen hindurch zur Altstadt mit den engen Gassen und den alten Bürgerhäusern.

Merkwürdig, erst wenn man das Holstentor näher betrachtet wird es richtig fühlbar, was für ein gewaltiger Bauklotz das ist! Schon seine wuchtige Größe mußte abschreckend wirken, vor langen Zeiten, als es zum Schutz der Bürger errichtet wurde. Und das war so um 1480. Der Weg von der Befestigungsanlage bis zur Marzipantorte ist für ein Stadttor allerdings lang, gelegentlich auch krumm und von vielen glücklichen Zufällen abhängig. Keineswegs aber von der Einsicht der Bürger oder gar ihrer Liebe zu einem altehrwürdigen Gemäuer. Nicht einmal von seinem kulturhistorischen Wert. Als das Tor nichts mehr zu beschützen hatte, mußte es mancherlei Zweckentfremdung über sich ergehen lassen. In den Türmen brachten zeitweilig angesehene Lübecker Bürger ihres geisteskranken Angehörigen unter, Zöllner hausten dort, Musikanten und Senatsdiener, die sogar Schnaps und Bier ausschenken durften. Als die Stadt noch 1818 unter den Schulden seufzte, welche ihr die vieljährige Besetzung durch die napoleonische Armee eingetragen hatte, bedeuteten die vielen uralten und baufälligen städtischen Gebäude die größte Last. Weg also mit dem ohnehin überflüssigen Holstentor! Nur mit Mühe konnte der damalige Stadtbaumeister den Abriß verhindern. 35 Jahre später sollte es dann endlich der neuen Eisenbahnlinie Platz machen. Doch da protestierte der Deutsche Geschichts- und Altertumsverein in Nürnberg und schließlich – man denke! – der preußische Gesandte im Namen des Königs beim Lübecker Senat für die Erhaltung des Holstentores. Was mögen die Hanseaten nur von den Preußen gedacht haben? Heute wissen die Lübecker ihr Holstentor natürlich zu schätzen. Als Fotomodell, Anziehungspunkt für Touristen bis zum Logo ortsansässiger Firmen hat es sich seine Erhaltung sozusagen selber verdient.

Christel ist inzwischen über die Brücke gelaufen, steht an der Trave und schaut, steht und schaut, völlig versunken – und merkt kaum, daß ich inzwischen neben ihr stehe. Die vielen Menschen, die hier geschäftig entlang eilen, haben natürlich kein Auge für die stattlichen alten Häuser mit den hohen Giebeln, die wie sehr alte und sehr würdige und dennoch sehr rüstige Herren Schulter an Schulter nebeneinander stehen und ihren Platz behaupten, mag die Gegenwart noch so verrückt und turbulent sein. Sie haben schon ganz andere Zeiten gesehen. Kriege, Hungersnöte, fremde Soldaten, die plündernd durch die Stadt zogen, und immer wieder Kriege – bis zuletzt die Bomben der feindlichen Flieger in einer einzigen Nacht die Stadt beinahe ganz vernichteten. Sie aber haben überlebt und mit ihnen viele ihrer Zeitgenossen in vielen der schmalen Straßen und Verbindungsgänge und versteckten Höfe. Historische Bau-

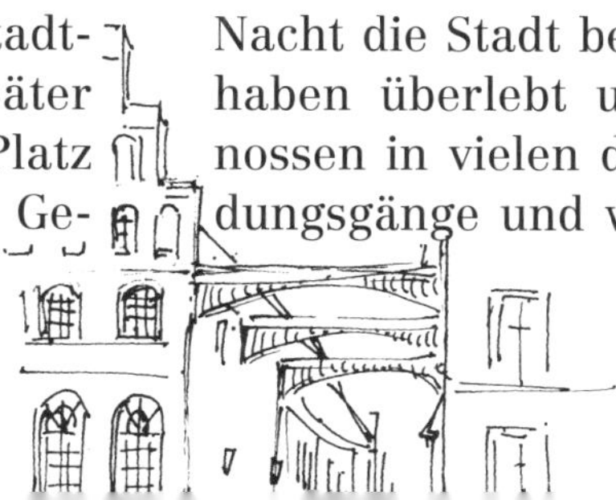

substanz, die durch Krieg, mangelnde Pflege und auch durch mangelndes Verständnis für die Lübecker Bürger eher zur Last wurde; und es heißt, daß die Beseitigung der schweren Kriegsschäden und der Wiederaufbau, verbunden mit massiven merkantilen Privat-Interessen, mehr vernichteten als die Bomben.

Lübecker Bürger haben aber auch alte Häuser als reizvolle Wohnmöglichkeit neu entdeckt, haben Verfall und Verlotterung als Herausforderung betrachtet und mit erheblichem Aufwand an Einfallsreichtum und Eigenleistung ganze Komplexe vor der Spitzhacke bewahrt. Sie haben mit privater Initiative dazu beigetragen, wenn die gesamte Altstadt von der UNESCO zum Weltkulturerbe erklärt wurde. Allein hier stehen über 1000 Gebäude unter Denkmalschutz. Und die sollen sachgerecht gepflegt und unterhalten werden. Und genutzt werden müssen sie auch. Aber die großen Handelshäuser, die alten Patrizierfamilien, die hier einst ihren Lebensraum hatten und Lübeck im Laufe von Jahrhunderten zu einer der reichsten Städte im Ostseeraum machten sind ebenso verschwunden wie die Menge der »kleinen Leute«, die Handwerker, die Schiffer, die Fuhrleute, die Hafen-Arbeiter, die einst in der Enge der Höfe, Hinterhäuser und Gänge hausten. Eine reiche Stadt ist Lübeck längst nicht mehr, und Denkmäler zu besitzen ist nicht nur eine Lust, es kann auch zu einer Last werden.

Christel widmet sich ganz konzentriert ihrem Skizzenblock und hat wahrscheinlich gar nicht zugehört. Plötzlich aber läßt sie den Stift sinken. »Sag mal, als wir vorhin über die Brücke mit den Steinfiguren auf das Holstentor zugingen, ist dir da der Merkur aufgefallen?« Da auf der Puppenbrücke? Na klar, der Gott der Kaufleute – da gehört er ja auch hin. So als Symbol. »Symbol stimmt genau«, sagt sie mit leichtem Grienen, »wo nicht mal der

Gott der Kaufleute ein Hemd über den Hintern zu ziehen hat, was soll man da von Lübecks Finanzlage halten?«

Auf der alten Salzstraße

»Ich komme hinterher«, hat Christel gesagt, »ganz bestimmt! Wir treffen uns bei Onkel Richard! Kannst dir ja inzwischen angucken, was du mir alles zeigen und erzählen willst!« Und während ich Richtung Südwesten querab durchs schöne Holstein fahre, Bad Oldesloe, Barmstedt, Elmshorn – Richtung Elbe, folge ich Christel in Gedanken. Ich kann sie nur zu gut verstehen, wenn sie unbedingt noch drei Kostbarkeiten anschauen will, die sozusagen am Wege liegen – nur, der führt nach Süden und meiner – in die Vergangenheit. In meine eigene. Zunächst jedenfalls. Sie aber wird erst einmal nach Ratzeburg einbiegen – wo es ja eigentlich noch so viel mehr als den Dom zu sehen gibt, der aber ist wirklich überwältigend und für uns technikverwöhnte Menschen der Gegenwart völlig

unbegreiflich: Wie konnten die Menschen im 12. Jahrhundert so etwas schaffen? Heinrich der Löwe, der hat dies Wunderwerk bauen lassen – und für ihn wird es ein Symbol der Macht gewesen sein. Und das ist nicht nur zu sehen, es ist zu spüren. Deutlich. Auch heute. Ja, Christel, und dann wirst du weiter gen Süden fahren – ich kenn' mich da ganz gut aus und hoffe nur, daß du dich von Till Eulenspiegel nicht gleich einfangen läßt. Mölln tut sich ja was darauf zugute, daß der Schalk dort dereinst sein Unwesen trieb und da sogar gestorben und begraben sein soll. Wir wollen's mal glauben – es ist für den Ruf der Stadt nur förderlich, und Christel wird natürlich auch dem bronzenen Till, der da am Markt auf dem Brunnen hockt, über die Fußspitze streichen, wie all die Fremden, die sie schon goldglänzend gerieben haben. Aber ihren Zeichenstift werden ganz andere Motive locken, und eins weiß ich sicher: Die alte Nikolaikirche liegt ja auf stattlicher Höhe über dem Markt, und von da oben kann man ganz frei auf kunstvoll verzierte Fachwerkhäuser und krumme Gassen schauen, die von Möllns bedeutender Vergangenheit erzählen. Das entspricht zwar eher historischer Wahrheit, aber so unterhaltsam und amüsant wie Till Eulenspiegels Geschichten ist Historie nie gewesen. Schon gar nicht in Mölln. Aber dich zieht's ja noch weiter nach Süden, Christel, und ob du wohl weißt, daß du dem Lauf der alten Salzstraße folgst? Dem al-

MÖLLN – WEITER BLICK VOM WASSERTURM

ten Handelsweg, auf dem das kostbare Salz, das in Lüneburg gewonnen und bis nach Lübeck transportiert und von dort in den Ostseeraum verfrachtet wurde? Es war das wichtigste Konservierungsmittel, das man seinerzeit kannte und Grundlage erheb-

lichen Wohlstandes für alle Gemeinden an dieser Strecke, die mit dem Salzhandel zu tun hatten. Auch Lauenburg profitierte davon. Ich kann mir denken, Christel, daß du von oben, vielleicht von da, wo einst die alte Burg stand, auf die spitzen Dächer der alten Unterstadt herabsiehst. Ist ja eigentlich bloß eine Straße – aber die hat's in sich! Da gibt's was zu gucken! Doch der schönste Blick über die Elbe bietet sich von oben – da sieht man, was ein wirklich großer Fluß ist ... jawohl! Und die Brücke über den Fluß, die wirkt ganz zierlich. Auch wenn sie ganz stabil ist – kannst du mir glauben, ich bin oft genug 'rüberge-

EIN KLEINOD IM SACHSENWALD:
GRANDER MÜHLE

fahren. Aber als ich noch ein ganz kleines Mädchen war, bin ich mal auf einem richtigen Raddampfer von Hamburg nach Lauenburg … ach was, Christel, wir treffen uns ja gleich wieder, erzähl ich dir dann. Bei Onkel Richard. In Glückstadt an der Elbe.

"KLEINER KOHN" ELBE

Glückstadt is dat glückt …

Glückstadt, liebe Christel, Glückstadt kannte ich schon, als ich noch ein sehr kleines Mädchen war. Das ist lange her, und damals war es – jedenfalls für mich – ein dunkles, unheimliches Nest mit beängstigend alten Häusern und düsteren Straßen, und ich wäre niemals dahin geraten, wenn ich da nicht einen Onkel und eine Tante gehabt hätte, bei denen ich schrecklich gern sein mochte. Denn sie hatten eine Schlachterei, da roch es wundervoll und ich durfte so viel Würstchen essen, wie ich wollte. Daß nicht gerade Würstchen sondern Matjes die Spezialität von Glückstadt waren, das erfuhr ich erst sehr viel später. Und auch, daß Glückstadt eine ganz besondere alte Kleinstadt war, die der dänische König Christian IV erdachte, planen und dann auch anlegen ließ. Die grundwasserreiche und dazu hochflutgefährdete Gegend da an der Elbe war dafür zwar denkbar ungeeignet, aber was der König sich in den Kopf gesetzt hatte, das setzte er auch durch. Zu seiner Zeit, 1615, durfte man Königen noch nicht widersprechen. Natürlich wußte er, daß in vergangenen Zeiten schon manche Ansiedlung von Sturmfluten zerstört und verschlungen wurde, deshalb sorgte er zunächst für eine ausreichende Eindeichung des Areals, konnte im März 1617 schon die Gründungsurkunde der neuen Stadt unterzeichnen, wenig später wurden die Festungsanlagen in Angriff genommen – auf Neider und Feinde mußte man immer gefaßt sein – der Hafen wurde angelegt, in den vom Marktplatz sternförmig ausgehenden Straßen entstanden immer mehr Häuser, und schließlich wurde ein prächtiges Schloß gebaut, Adelsfamilien und hohe Beamte errichteten Stadtpalais – die Stadt machte ihrem Namen alle Ehre: Glückstadt. »Dat schall glücken un dat mutt glücken« hatte der König gesagt. Und hielt sich oft und gern und lange in Glückstadt auf.

So ganz, wie der König es sich gedacht hatte, glückte dann aber doch nicht alles: Ein starker Handelshafen sollte die Stadt werden und Hamburg damit Konkurrenz machen. Reiche portugiesische Judenfamilien brachten den Überseehandel in Gang, eine Druckerei wurde gegründet, die auch schon in arabischen, chinesischen und ägyptischen Lettern drucken konnte; Handwerksbetriebe blühten, der Walfang spielte eine einträgliche Rolle – doch Hamburgs

MARKT UNTER CHRISTIANS AUGEN – GLÜCKSTADT

Bedeutung konnte mit all dem nicht geschmälert werden, auch wenn die Hanseaten schon 1630 mit Waffengewalt versuchten, die »Konkurrenzstadt« ein für allemal auszuschalten. Doch das glückte ihnen ebenso wenig. Die Folgen des dreißigjährigen Krieges aber trafen die junge Stadt schwer, und da ihr tatkräftiger Gründer 1648 gestorben war, sein Nachfolger aber nicht das gleiche Interesse an ihr hatte und zudem gezwungen war, erheblich sparsamer zu wirtschaften, war es mit den hochgesteckten Zielen vorbei. Der königliche Glanz schwand mit den Jahren, das prächtige Schloß wurde schon 1708 wieder abgebrochen; es stand auf schlechtem Baugrund. Für viele der größeren Regierungs-Gebäude gab es keine Verwendung mehr, sie standen leer. Auch der Hafen verschlickte, versandete – und war für größere Schiffe nicht mehr zu erreichen.

Aber die Glückstädter haben dann doch – ohne königliche Unterstützung – die Existenz ihrer Stadt und damit ihre eigene, trotz schwerer Notzeiten, sichern können. Und wenn es mit dem Walfang auch lange vorbei war, die Heringslogger brachten die Spezialität, die den Namen der kleinen Stadt bis heute weit über Schleswig-Holstein hinaus bekannt gemacht haben: Glückstädter Matjes. Die kann man in vielen behaglichen Gaststätten in allen Variationen genießen, und wer das nicht einmal erlebt hat, wird sich nicht vorstellen können, was alles aus einem zarten Jung-Hering werden kann. Aber Glanz und Würde des einst königlichen Stadtgebildes sind im Laufe der Jahrhunderte nicht ganz untergegangen – sie sind nur ein wenig vom Zahn der Zeit benagt und auf ein kleinstädtisch-bürgerliches Maß zurückgestutzt worden.

Immer noch sind die alten Häuser Lebensraum für

ELMER & HEDI RADELN ZUM KRABBENBROT NACH NEUFELD, ELBE

STOLZ DER MELDORFER, IHR DOM!

viele Menschen, auch wenn manche der Gebäude entstellende Modernisierungen erdulden mußten. Wie viele aber sind liebevoll gepflegt oder wurden durch Neubauten ersetzt, die sich behutsam dem alten Stadtbild angepaßt haben. Der alte König Christian könnte mit seiner Stadt eigentlich ganz zufrieden sein, schließlich hat er ihr einst auf die Kirchturmspitze als Stadt-Symbol die Glücksgöttin Fortuna auf einer goldenen Kugel setzen lassen. Und die hat denn ja wohl doch durch alle Zeiten gut aufgepaßt.

BRUNSBÜTTEL, KANAL!

Marktplatz mit Kleinstadt

Heide – der größte umbaute Marktplatz in Deutschland, heißt es … Christel sagt, so etwas kann man doch nicht zeichnen. Aber die alte St. Jürgen-Kirche mit dem zierlichen Turm, die hat's ihr angetan. Man kann vielleicht noch mehr nicht zeichnen, sage ich, was man nicht sieht, kann auch nicht zum Bild werden. »So?« Das klingt spitz. Christel sieht mich von der Seite an. Spott blitzt ihr aus den Augenwinkeln. »Na denn … bis nachher.« Und schon geht sie dahin – einfach schräg über den Platz und wird immer kleiner, immer kleiner, so groß und weit ist er. Sie strebt dem nächsten Turm zu. Gesehen haben wir ihn schon von weitem, als wir auf Heide zufuhren. Hoch über den Dächern thront auf kräftigem Schaft eine mächtige Torte mit umgekehrtem Trichter obendrauf. Das kann nur ein Wasserturm sein – ist es auch. So einer, wie man seinerzeit Wassertürme baute, als man auch reine Zweckgebäude zu architektonischen Schmuckstücken gestaltete. Oder was man für solche hielt. In Heide wollte man das über 40 Meter hohe Ding unbedingt mitten auf den Marktplatz setzen. Auf den schönen großen Marktplatz, damals, 1903. Aber ein paar Vernünftige gab's denn doch. Und darum muß Christel nun mit Papier und Zeichenstift zu ihrem Motiv laufen, während ich meine Motive nur mit Worten festhalten kann. Soviel gibt's davon – nur sehen muß man sie. Ganze Kapitel schleswig-holsteinischer Geschichte haben sich hier abgespielt. Hier in Heide würden die Leute natürlich sagen: Dithmarsische Geschichte, bitteschön! Stolz sind sie, die Dithmarscher, auch wenn sie heutzutage nicht immer so genau wissen worauf. Stur, sagen Nicht-Dithmarscher,

ST. JÜRGEN IN HEIDE

aber nur, weil sie nicht wissen können, daß man hier an der Westküste schon seit altersher nur mit Sturheit bestehen konnte. Bei diesem Klima unter diesem unendlich weiten Himmel. Und das Meer ist nah. Auch wenn man es nicht sieht. Die Menschen haben dieses Land seit Urzeiten erst Stück für Stück dem Meer abgerungen, haben es bewohnbar machen und dann immer wieder verteidigen müssen. Das prägt. Durch Generationen hindurch. Die alte St. Jürgens-Kirche, mit dem schmucken Turm – was die alles erzählen könnte … sie hat alle Bürger dieser Stadt gesehen, hat Feuersbrünste und Kriege überstanden, das Gewimmel reichbestückter Märkte durch Jahrhunderte hindurch und schließlich diese Mengen von Autos, welche jetzt nur noch durch Parkautomaten mit saftigen Gebühren einigermaßen in Schach gehalten werden können. Aber nur ein paar hundert Meter entfernt, in der Idylle altväterlicher Gässchen mit krumpligem Pflaster, gesäumt von spitzgiebligen,

HIER MUSSTE ICH EINFACH NUR FISCH ESSEN
BÜSUM – HAFEN

weißgetünchten Kleinbürgerhäuschen, da findet sich das Geburtshaus des großen Sohnes der Stadt Heide, des plattdeutschen Dichters Klaus Groth. Allerdings erkannten die Stadtväter seine Bedeutung erst, als sein Name weit über Schleswig-Holsteins Grenzen erklungen war. Ein berühmter Name schmückt nun einmal eine kleine Stadt. Auch Johannes Brahms dient ihr zur Zierde. Der ist zwar in Hamburg geboren; doch sein Vater stammt daher und sein Großvater war sozusagen Nachbar vom Dichtervater Groth. Nun hat man beide Häuser zu kleinen Museen gemacht. Und die Besucher fühlen sich in dem einen von Groth, in dem anderen von Brahms seltsam berührt ... Wenn Christel von ihrem Wasserturm zurück kommt, muß ich ihr das unbedingt zeigen!

Eiderstedt – Geschenk der Nordsee

Man sieht die drei überall – als Markenzeichen. Auf Plakaten, in Werbefilmen. Aber frag' mal jemanden, der unsere Westküste nicht so kennt – und davon gibt's ja viele – wo genau steht er denn, der berühmteste Leuchtturm mit den beiden kleinen Häuschen? Da draußen, vor Eiderstedts Küste, weit vor der Deichlinie. Aber mitten im Wasser, wie viele schmucke Poster es uns weismachen wollen? Nun, man kann durchaus trockenen Fußes hinüberlaufen, breite Wege führen über weich federnden, grasbewachsenen Boden, vorbei an Gräben und Wasserläufen und im Sommer an vielen, vielen Schafen – den rot-weißen Turm mit den rotbedachten weißen Häuschen immer vor Augen. Bis man merkt, daß 900 Meter vom Deich weg doch eine stattliche Wegstrecke sind, besonders, wenn man eben nicht gerade drauf zulaufen kann. Und daß Turm und Häuschen auf einer 6 Meter hohen Warft liegen, und daß die drei Bauwerke durchaus nicht so niedlich klein sind, wie es uns all die hübschen Fotos glauben machen. Die beiden Häuser sind stattlich-handfeste Gebäude, in denen das Dieselaggregat und der Gleichstromgenerator für den Leuchtturmbetrieb untergebracht waren. Doch seit 1979 wird das Leuchtfeuer durch Fernsteuerung versorgt und der letzte Wärter konnte seinen einsamen Arbeitsplatz verlassen.

Aber das allein ist ja nicht Eiderstedt ... Auf dem Weg dahin dürfen wir Friedrichstadt nicht auslassen, Christel! Und wieder wirst du staunen, und wir beide werden Mühe haben, weiter zu ziehen. Eine Stadt wie diese gibt es in ganz Schleswig-Holstein nicht. Vor 400 Jahren war sie überhaupt noch nicht da. Keine Spur. Sie wurde nämlich von Fremden, von Holländern, regelrecht angelegt. Und so sieht sie auch aus. Diese »Ausländer« waren in ihrer Heimat um ihrer religiösen Überzeugung willen nicht mehr geduldet, waren Vertriebene. Der damalige Landesherr, Herzog Friedrich III von Gottorf, ebenso tolerant wie klug, bot ihnen, allerdings nicht ganz uneigennützig, Grund und Boden, vor allem aber auch Schutz und religiöse Freiheit. Das war zur damaligen Zeit in Fürstenkreisen durchaus nicht selbstverständlich. Doch er konnte die durchweg wohlhabenden und tüchtigen Fremden gut für seine ehrgeizigen Pläne gebrauchen: hier, wo die Treene in die Eider fließt und diese dann als schiffbarer Fluß schon bald die Nordseeküste erreicht, sollte ein Hafen entstehen, der dem reichen Hamburg Konkurrenz machen konnte. Die großen Handelsströme, die mit ihren kostbaren Gütern vom fernen Persien nach England zogen, meinte der Herzog, müßten ihren Weg doch ebenso gut über Schleswig-Holstein nehmen können, wenn man ihnen nur genügend Anreize böte. Er versprach den Holländern das Holz für öffentliche

Gebäude und weiteres Baumaterial für die ersten hundert Häuser, und am 24. September 1621 wurde der Grundstein für das erste Haus gelegt. Eine »persianisch-muskowitische Handelskompanie« – ja, so hieß das damals – war gegründet worden, und die rasch wachsende, ganz nach holländischen Vorstellungen errichtete Siedlung zog als religiöse Freistatt noch viele andere Gruppen von Glaubensflüchtlingen an, die hier in Frieden und Toleranz miteinander lebten. Nur die hochfliegenden Pläne des Herzogs konnten sich nicht erfüllen. Friedrichstadt blieb klein und abseits des großen Weltverkehrs – doch seit zur Sommerzeit ganze Touristenströme die Stadt aufsuchen, erfüllt sich damit vielleicht doch ein wenig von den herzoglichen Träumen.
Und während Christel immer neue malerische Spuren der Stadtgeschichte entdeckt, sich an formenreichen alten Haustüren freut, an reichgeschmückten Hausfronten mit stattlichen Treppengiebeln, liebevoll gepflegt zumeist, schaue ich nachdenklich über den weiten Marktplatz voller Autos, sehe all den Leuten nach, wie sie die Schaufenster mit vielerlei Andenken betrachten oder die Preistafeln vor den Restaurants und Cafés studieren. Und dann muß ich an einen stillen, klirrend kalten Abend in Friedrichstadt denken; ich war hier für eine Nacht zu Gast. Der Schnee knirschte unter den Füßen, die Wasserläufe waren

alle zugefroren und die Straßen menschenleer. Ich stand auf einer der vielen Brücken und wartete auf holländische Schlittschuhläufer. Wie sie auf alten Bildern zu sehen sind. Aber es kamen keine. Doch aus den Fenstern der behaglichen Gaststätten fiel warmer Lichtschein, und ich meinte schon den feinen Duft von Tee zu spüren, von Tee mit Kluntjes. Und vielleicht 'n kleinen Genever dazu … aber vermutlich tranken die Friedrichstädter Bürger Grog. Mit Flensburger Rum. Wie sich das für echte Schleswig-Holsteiner gehört …
»Eiderstedt ist ein Geschenk der Nordsee«, heißt es in einem alten Buch, »aber das Meer ist keiner von den milden Gebern, die sich freuen, Menschen mit ihren Gaben zu bereichern. Es würde seine Geschenke bald wieder zurückfordern, wenn man sich nicht mit Gewalt den Besitz derselben zu erhalten suchte.«
Ach nein, von Gewalt ist in diesem Landstrich weit

und breit nichts zu sehen – jedenfalls nicht für unsere Augen. Und erst recht nicht für die Augen der Touristenströme, die im Sommer die weiträumigen Sandbänke vor St. Peter-Ording als Geschenk der Nordsee betrachten. Sie nehmen das Geschenk auf ihre Weise in Besitz: mit Massen von Autos, die auf dem festen Sand offenbar sicher parken, mit einem Heer bunter Lenkdrachen in allen Größen und Formen, die durch die klare Luft mit flatternden Bändern hin und her schießen und kobolzen oder ruhig als leuchtende Schönheit den Himmel schmücken – während bei der meist frischen Brise die stolzen Besitzer alle Kraft aufbieten müssen, um die kostspieligen Dinger an der Flucht zu hindern. Die See ist weit da draußen – der Badegast muß ein gutes Stück laufen, ehe er seine Füße ins Wasser stecken kann. Alles in allem – in dieser ungeheuren Weite scheint für alle Bedürfnisse an Vergnügen und Erholung Platz zu sein. Und die eigenartigen Pfahlbauten, da mitten auf der Sandbank, locken mit bunten Fahnen und versprechen Gutes gegen Hunger und Durst. Nicht im Traum kann der Binnenländer sich vorstellen, wie schnell sich das fröhlich-sorglose Strandleben verändern kann, wenn der Wind stärker und stärker wird und

mit der aufkommenden Flut das Wasser in rasender Geschwindigkeit über die Sände jagt. Wenn das Meer beginnt, sein Geschenk zurückzufordern.
In alten Chroniken kann man nachlesen, mit welch entsetzlichen Wassermassen die Eiderstedter zu kämpfen hatten. Jahrhunderte hat es gedauert, bis man lernte Deiche zu bauen, die auch stärkeren Fluten widerstehen konnten. In Jahrhunderten aber wuchs auch der Wohlstand, der fruchtbare Boden bescherte reiche Ernten und fette Weiden, auf denen stattliches Vieh heranwuchs. Deutlich zeigen das die Bauerngehöfte, die Haubarge, mit ihren kirchenhohen Reetdächern, umwogt von ausladenden Kronen alter Bäume. Wie Herrensitze erheben sie sich aus der schier grenzenlosen Weite der Eiderstedter Marsch. Und erst die Kirchen – achtzehn Kirchen auf hohen Warften inmitten stattlicher Ortschaften – für nicht einmal 20000 Einwohner, in einem Landstrich, in dessen Boden es keinen gewachsenen Stein gibt und jedes Stück Baumaterial von weither geschleppt werden mußte. Welch eine Leistung! Und wie kostbar sind manche der Gotteshäuser ausgestattet. Kostbar vielleicht erst in den Augen der Gegenwart – was einst selbstverständlicher Ausdruck von Dank war, den man dem Schöpfer allen Reichtums schuldig zu sein glaubte, aber ebenso Selbstbewußtsein und Stolz zeigte.

Ein Bauwerk in Eiderstedt allerdings übertrifft alle anderen: das Renaissance-Schloß Hoyerswort, das einst der höchste Verwaltungs-Beamte der Landschaft, der Staller Caspar Hoyer errichtete, als ihm hier das weitläufige Areal dazu von seinem Landesherrn, dem Herzog von Gottorp, geschenkt wurde. Das ist über 400 Jahre her, und das mächtige Bauwerk gleicht mehr einer trutzigen Burg als einer glanzvollen Residenz. Abseits der vielbefahrenen Straßen

und umgeben von Wassergraben und einem Park alter Bäume, drängt es sich dem Blick nicht gerade auf – aber nur ein paar Schritte auf der breiten Zufahrt dem prächtigen Eingangsportal entgegen – und schon wird etwas von Würde und Stolz der alten Mauern spürbar, die so viel gesehen haben und so viel Geschichten erzählen können. Caspar Hoyer hat zum wachsenden Wohlstand Eiderstedts entscheidend beigetragen; die gesetzliche Regelung von Deichbau und -instandhaltung war damals schon lebensnotwendig, ohne Verwaltungs- und Verhandlungsgeschick wären auch die besten Absichten ohne Erfolg geblieben. Selbst daran hat sich bis heute wenig geändert. Seit über 200 Jahren gehört das Anwesen der Familie Hamkens; auch sie hat für Eiderstedt Nützliches geleistet, vor allem aber hat sie bis auf den heutigen Tag mit erheblichem Aufwand das alte Bauwerk weitgehend denkmalsgerecht erhalten und dem Land damit ein einzigartiges Kulturgut.
Eiderstedt hätte Caspar Hoyer noch ein weiteres und

weitaus prächtigeres Schloß zu verdanken, wenn nachfolgende Generationen es nicht nach rund 150 Jahren schon wieder abgerissen hätten. Der kleine Ort Tönning, an der Mündung der Eider, wurde vom Landesherrn zum Regierungssitz der Landschaft Eiderstedt und damit zur Stadt erhoben. Zu dieser Würde gehörte natürlich ein Schloß und der Staller Caspar Hoyer hatte dafür gesorgt, daß es den Repräsentationsbedürfnissen der Zeit entsprechend gebaut wurde. Für Tönning zeichnete sich damit eine glänzende Zukunft ab. Sie brachte der Stadt wohl bewegte, leidvolle und manchmal auch erfolgreiche Zeiten, aber die Landesgeschichte ging in eine unvorhersehbare andere Richtung, und so ist Tönning heute wohl ein schmuckes Städtchen, das große Packhaus an dem kleinen Hafen zeigt schon an, welch besondere Bedeutung der Ort für diese Region einst hatte, und erst die stattlichen Häuser rundum, was könnten die davon erzählen … Doch die meisten Touristen werden von den leckeren Fischgerichten in den behaglichen Gaststätten angelockt, ehe es sie gen Westen zieht, hin zur Sandbank vor St. Peter-Ording oder zum Leuchtturm vor Westerhever.

Nordfriesland – amphibische Welt …

Also das mit der »grauen Stadt am Meer«, wie Theodor Storm das so schön gedichtet hat, das stimmt nur bei gewissen Wetterlagen. Aber dann ist es ja überall grau. Nicht nur in Husum. Doch vielleicht war ihm so zumute, dem Dichter – und dann hat er das doch sehr schön ausgedrückt, der große Sohn, auf den Husum so stolz ist. Und außerdem läßt er sich ja auch ganz

gut vermarkten; auch die nie eine Zeile von ihm gelesen haben, wissen wenigstens, daß dieser Dichter den Slogan von der »grauen Stadt am Meer« erfunden hat. Bloß das Meer sehen sie nicht, das ist noch ziemlich weit weg. Zu begucken gibt es in Husum eine ganze Menge: Hafen, alte schöne Häuser und neue schöne Geschäfte mit einem ganz und gar nicht provinziellen Angebot an Mode, Möbeln und jeglichem Schnick-Schnack. Christel allerdings hat es das Schloß angetan mit dem reichverzierten Torhaus – im Frühjahr würde sie da zum Zeichnen wohl kaum Ruhe finden, dann strömen ganze Busladungen voller Menschen in den Schloßpark, um die berühmte Krokusblüte zu bewundern. Die weitläufigen Rasenflächen, eigentlich noch im winterlichen Grau, schimmern dann in tiefem Blau und verkünden den Frühling.

Nördlich von Husum fahren wir durch die Köge – in

Jahrhunderten dem Meer abgerungenes Land. Geschützt durch hohe Deiche. Alle Köge haben Namen und manche tragen den Namen von Persönlichkeiten, die einst durch Tatkraft und auch durch den Einsatz von eigenem Vermögen die Landgewinnung erst möglich machten. Sönke Nissen zum Beispiel, der aus seinem friesischen Heimatdorf Klockries auszog, ein sehr reicher Mann wurde und sich 1923 entschloß, ein Eindeichungsprojekt zu fördern, um sich damit – wie er sich ausdrückte – der Heimat wieder näher zu bringen und seine Lebensarbeit, seinen Erfolg und auch sein Glück auf diese Weise zu krönen. Die Voll-

endung des Kooges hat Sönke Nissen nicht mehr erlebt, aber aus seinem Nachlaß konnte der weitaus größte Teil der Kosten getragen werden. Und die Frucht seiner Arbeit kommt nachfolgenden Generationen zugute – kann sich ein Mensch ein schöneres Denkmal setzen?
Abseits des großen Nord-Süd-Verkehrsstromes führen viele Straßen durch die Köge, gerade, glatte Straßen durch weites, flaches, grünes Land, durchzogen von Gräben; einzelne Bauerngehöfte auf hohen Warften, windgebeugte Bäume, die sich wie eine große schützende Hand über spitzgieblige Reetdächer gelegt haben; auch auf alten Deichkronen verlaufen manche Strecken und der glatte Asphalt verführt zu viel zu flottem Fahren. Wer mag hier an Gefahren denken? Und wer vermag sich vorzustellen, daß auch diese Deiche einst in Säcken, in Körben, Schiebkarre, für Schiebkarre, Schaufel für Schaufel aufgeworfen wurden, das mühsam gewonnene Land ebenso mühsam gegen den »Blanken Hans« zu schützen. Doch der scheint nun ein für allemal gebannt zu sein, ausgesperrt durch den gewaltig hohen Seedeich.
Es gibt schöne Plätze da oben, weit erstreckt sich das Vorland – und das Wasser? Da ganz, ganz hinten glänzt es, und Christel sagt: »Eigentlich nicht zu glauben, daß das hier alles mal wieder überschwemmt werden kann …« Überschwemmt? Nur überschwemmt? Eine Freundin von mir wohnt in einem schönen Haus, da in der Nähe von Schobüll, nördlich von Husum. Wenn man im ersten Stockwerk aus dem Fenster guckt, kann man bis zum Deich sehen, aber der ist noch weit weg. Mindestens 20 Minuten muß man dahin laufen. An einem stürmischen Nachmittag sitzt sie am Fenster, telefoniert mit ihrer Mutter und verwundert sich, während sie spricht,

wie da etwas Weißes über den Deich spritzt und dann wie eine breite Zunge herunterleckt. Sie erwähnt das ganz beiläufig, doch die Mutter bittet sie kurz und knapp, das Gespräch zu beenden und sofort die notwendigsten Sachen zu packen. Und zwar rasch. – »Und – hat sie es geschafft?« – Ja, hat sie. Aber wie schnell das Wasser kommen kann, das hat sie dabei gelernt. Und was es anrichten kann, auch. Das vergißt sie nie. »Und da draußen liegen die Sommerträume von Generationen Erholungsuchender«, sagt Christel und rührt nachdenklich in ihrer Tasse mit Teepunsch. »Die Halligen?« frage ich. Sie nickt. »Ja, die auch ... aber die sind mehr was für Individualisten.« Ich weiß – vor Jahren besuchte ich eine, Lehrerin war sie – für zwei oder drei Kinder. Mehr gab's nicht auf der Hallig. Und als ich kam, wuchtete sie gerade einen kleinen dicken Teppich über den Gartenzaun, schwer von Nässe. Vor wenigen Tagen hatten sie »Landunter« gehabt und das Wasser war ihr doch tatsächlich bis auf die Diele geschwappt. Angst? Nein, hatte sie nicht. Damals, gleich nach dem Krieg, waren Flüchtlinge aus Ostpreußen auch auf den Halligen einquartiert gewesen. Die waren vor Angst auf die Tische gestiegen wenn die Flut kam. Jetzt gibt es ja Schutzräume in den Häusern, jedenfalls in vielen. Im Obergeschoß, mit Betonpfeilern und festem Mauerwerk verstärkt; da kann das ganze Haus weggerissen werden, dieser Raum würde stehen bleiben. »Entsetzliche Vorstellung«, sagt Christel, »rundum die tobende See ...« Und die Sommerträume? Aber die erfüllen sich hier doch auch überall – sozusagen für alle Bedürfnisse: im Frühjahr fängt's doch schon an, wenn die ganze Seevogelwelt sich eingefunden hat und die Luft mit ihren Rufen erfüllt – wie ein unaufhörliches Läuten begleitet es den Wanderer, auf den weiten Sänden vor Amrum, auf den Wattflächen

und Wiesen von Föhr kobolzen die Kiebitze, trippeln all die Regenpfeifer, die Schnepfen, die Austernfischer, und auf Sylt streichen die großen Möwen mit ausgebreiteten Flügeln über Strände und Dünen und beäugen scharfen Auges sonnengebräunte Reiche und nackte Schöne ebenso wie in gelben Friesennerz gehüllte Naturfreunde. Und die Dörfer auf den Inseln, sie haben alle noch so ein bißchen Alt-Ehrwürdiges an sich, verbreiten einen liebenswürdigen Hauch von »heiler Welt« – auch wenn jedermann weiß, daß dies alles vorwiegend schöner Schein ist, in dessen Schatten hart um Existenz gekämpft wird. Das Leben auf den Inseln ist für jedermann teuer geworden. Auch für die Einheimischen. Und die Ansprüche der Feriengäste sind hoch. Sie bringen ihre Lebensgewohnheiten vom Festland mit, die mit den Möglichkeiten der Inseln nur mit erheblichem Aufwand zu befriedigen sind. Das einst bescheiden-karge Inselleben mit seiner besonderen Kultur und Lebensart taucht nur noch in alten Geschichten oder in den liebevoll ausgestatteten kleinen Museen auf. Die gibt es auf allen Inseln, auch auf den Halligen. In Nebel auf Amrum dient dazu eine wunderschöne Windmühle, in Wyk auf Föhr machen in einem alten Inselfriesenhaus die Sammlungen des Arztes Dr. Carl Haeberlin die Vergangenheit greifbar deutlich, und auf Sylt bezeugen gleich zwei Museen, was die Söhne

der Inseln als bedeutende Seefahrer für ihren Wohlstand geleistet haben und wieviel Weltläufigkeit sie in ihre so abgeschiedene Heimat bringen konnten. Das ist auch auf den Grabsteinen der Inselfriedhöfe nachzulesen, die sich rund um die schönen alten Kirchen scharen.

Ach komm, Christel, wir haben hier lange in der behaglichen Gaststube auf dem hohen Seedeich gesessen – da unten, bei der Anlegestelle für die Schiffe nach den Halligen, da hab' ich mal lange gewartet. Nach Hooge wollte ich – es war schon ziemlich spät im Herbst, kalt war es, nur wenige Menschen waren noch unterwegs; und die da rüber wollten, die gehörten da hin. Wer da geboren ist, hab' ich mir sagen lassen, den zieht es immer wieder dahin zurück, und wenn das Schicksal ihn auch an die schönsten Plätze dieser Erde verschlagen hat. Aber während ich noch so stand und fröstelnd nachdachte, was diese Leute da drüben – außer mir – wohl zu tun hatten, nach Feriengästen sahen sie nicht aus und dann zu dieser Jahreszeit, nein … da bereitete sich inzwischen am Himmel ein gewaltiges Schauspiel vor. Die Sonne gab für diesen Tag ihre Abschiedsvorstellung. Zuerst hatte sie nur durch den dichten grau-blauen Himmelsvorhang geblinzelt, vor dem man die fernen Halligen mehr ahnte als sah. Und ganz allmählich schien sich der Vorhang zu ungeheuren Wolkenkulissen aufzulösen, hinter denen ganz andere Himmelsschichten, durchsichtig und opalglänzend, aufschimmerten. Immer glühender wurde die Sonne, immer größer, je mehr sie sich dem Horizont näherte und wurde da schon wieder von zarten Dunstschleiern empfangen, die den harten Glanz dämpften. Nein, sicher nicht wegen solcher Naturschauspiele hängen die Men-

schen an ihrer Heimat – aber sie gehören dazu. Und alle sind sie Premieren – es gibt keine Wiederholung.
»Das müßte man malen«, sagt Christel mit einem leisen Seufzer, »aber ich weiß nur einen, der das richtig konnte, das mit dem Himmel und dem Licht und den Wolken.« Den weiß ich auch – komm, fahren wir ihn besuchen. Laß uns nach Seebüll fahren, da ruht er nach einem langen Leben, neben seiner ersten Frau Ada, inmitten seines blumenbunten Gartens. Und der umgibt das merkwürdige Haus, das wie ein trotziger Klotz aus Backstein auf einer Warft liegt. Aber da drinnen, da merkt man, warum er es so und nicht anders gewollt hat, der Maler Emil Nolde. Komm, laß ihn uns besuchen – ihn und seine Bilder.

Die Malerin

Christel Hudemann-Schwartz, geboren 1941 in Hamburg, Ausbildung an der »Meisterschule für Mode« (Maler-Klasse), anschließend Handweberlehre und Architektonisches Zeichnen. Seit 1972 Illustration von Bildbänden über Hamburg und Norddeutschland; häufige Ausstellungen im norddeutschen Raum; 1½ jähriger Studienaufenthalt in Venezuela, dort auch mehrere Ausstellungen. Techniken überwiegend Aquarell und Feder; ihre Motive findet sie in Küstenbereichen.

Die Autorin

Irmgard Harder, geboren 1922 in Hamburg, nach dem Abitur Ausbildung zur Schauspielerin, anschließend mehrere Jahre an Theatern tätig. 1948 Beginn journalistischer Arbeit, zunächst für Zeitschriften, dann als ständige Mitarbeiterin beim Norddeutschen Rundfunk in Hamburg, Flensburg und Kiel; dort von 1973 bis 1984 Redakteurin und Leiterin der Niederdeutschen Redaktion, die 1981 Heimatredaktion wurde. Über 40 Jahre Mitarbeiterin der NDR-Sendereihe »Hör mal 'n beten to« und Autorin von Büchern mit plattdeutschen Geschichten und Erzählungen.